JN408924

나그네

Wanderer

_____________________ 님께 드립니다.

Syung D. Han/Ph.D

한승덕 Profile

詩人 / 수필가 / 평론가

제5회 세계문학상 대상, 제6회 문학세계문학상 본상, 종합예술대회 예총회장상, 서울시 의장상, 청소년지도자 문학대상, 성동일보 인물대상 문학대상, Presi dential Who' s Who Among Business and Professional Achievers FOR IMMEDIATE RELEASE, 구 소련 평화재단 자유메달 외 다수 수상.

한승덕&찰스루셀트위스터재단 설립. 글로벌 이코노믹스, 어낼더시스 외 7개 계열사, (사)세계문인협회 미주지역 버지니아주 지부장, 2008, 2009『한국을 빛낸 문인들』 선정 작가, 우크라이나 정부 국회 카운셀러, 미국 공화당 인너서클 회원.

저서『이삭 The Waste of Sole』『조약돌』『검은 별』『흑해』『묵화』『세계 문화 교류의 이해와 비전』

지구도 우주의 나그네이지요
어디에서 왔고 어디로 가야 되는지도 모르고

나그네

Wanderer

한승덕 6시집
Syung D. Han/Ph.D

도서출판 천우

■ 작가의 말

가을 햇살처럼 청명하고 순수한 시심의 향기를 안고 충만하고 풍요로운 만추의 가을 풍경을 가슴속에 품으며 여섯 번째 시집 『나그네』를 펴내게 되었습니다. 한 권, 한 권 발간할 때마다 어떻게 하면 더욱 주옥 같은 영혼의 울림을 물빛 고운 언어로 담아낼 수 있을까 고뇌하였습니다. 그런 수많은 고뇌와 예리한 관찰력을 총동원하여 보헤미안의 불씨로 빚어낸 『나그네』를 세상 밖으로 선보이게 되었습니다.

유년시절부터 시처럼 감미롭고 시처럼 아름다운 열정과 은유의 삶이 연출된 미래를 그렸습니다. 시를 쓰면서부터 늘 제 태초의 근원, 생명의 기원을 고민하였고 역사의 발자취를 더듬어 보았습니다. 우리네 인생의 모든 일상이 나그네라는 이미지화가 바로 시인이 아닐까 하는 반문을 해 봅니다. 이번 시집은 나그네로서의 시인, 나그네가 짓는 테마로서 태초의 시작에 대한 동경을 안고 엮어 보았습니다.

저에게 조국은 나의 고향이요, 어머니의 젖줄이며 꿈과 이상의 산실입니다. 이방인으로서의 저는 문학이 곁에 없었다면 척박하고 고독한 이 인생을 살아갈 수 없었을 것이며, 내 안의 단 하나의 시혼이 없었다면 타향에서의 고독을 극복하지 못했을 것입니다. 뿐만 아니라 시라는 예술은 항상 삶을 위대한 영감과 영광의 빛으로 채워주었습니다. 나그네로서의 삶을 사는 그것은 더할 나위 없는 시의 축복이며 행운이었습니다.

꾸준히 삶을 언어로 승화시켜 진지하게 고민하고 노래하며 인생의 노을빛 꿈들을 조각하면서 눈보라 속에서도 피어나는 꽃으로 언어의 향기를 탄생시킬 것입니다. 시는 내 인생의 운명이자 사랑과 그리움의 고향이기 때문입니다.

2010년 10월

한 승 덕

Seung D. Han

1부

기다림

■ 작가의 말

2부

나그네

3부

갈대

제1부

기다림

그랜드 티턴(Grand Teton)[1] 국립공원

와이오밍 주 잭슨홀 시의
락펠러 호텔에서
바라보이는
만년설을 머리에 이고

저 높고 깊고 푸르른 우주를 향해
여자의 유방을 닮았다 하여
그랜드 티턴이라고
알 컨키스트들이 불렀다지요

그랜드 티턴을 살짝 스치면서
흐르는 제니스 강에 비추이는
너의 모습은 천상의 선녀임을,

흐르는 듯 마는 듯
잔잔히 흐르는 강 표면에
수줍은 11개 봉오리의
1만 3천 피트 높이가 믿어지지 않으며 발길이
떨어지지 않는구나

지구의 반대편에도
스위스 융프라가 있지만
고즈넉하면서도 당당한

또 다른
모습에서는 그랜드라 부름이 맞겠지요

아즈런하게 끝이 안 보이고
주위를 둘러싼 고봉 속에
저 호수의 끝에는 누가 살길래

잔잔한 물결 속에
푸르른 하늘색에
그 끝이 안 보이고 높이높이
심연의 우주의 시작임을
머릿속이
텅 비어 가며 빠져들어 가고 있다

그건 태곳적의
정적을 안고
지구의 또다른 아름다움이어라

| 참조 |

(1)그랜드 티턴 국립공원 : 미국 와이오밍주의 국립공원. 1만 3770피트 높이의 11개 봉오리로 40마일 넓이의 호수와 제니스 강이 흐르고 있음.

러시모어 마운틴의 큰 바위 얼굴

튼드라 지역의
목장에서는
지나가는 차들을 신기한 듯
목장의 소들이 구경하는

북쪽의 다코타 주와
남쪽의 다코타 주의 경계지역에
러시모어 블랙힐스 산에
큰 바위 얼굴이 기다리고 있지요

어서들 오라고
근엄한 표정의
미국 초대 대통령 조지 워싱턴 대통령
토머스 제퍼슨 대통령[1]
에이브러햄 링컨 대통령[2]
시어도어 루즈벨트 대통령[3]의
얼굴들이지요

60피트 크기로
아버지에 이어
아들이 완성한 석상으로는
세계에서 제일 크다지요

소설로도 소개된
큰 바위 얼굴이
동부의 버몬트 주에도 있지만
대통령은 아니고 네 명의 얼굴도 아니지요

내일을 살아갈 모두에게
올바른 정치인이 무엇인지
공인의 정도를 알려 주기 위해

깊고 푸른 심연의
우주의 메시지를 전하기 위해
오늘도
묵묵히 내려다 보고 있지요

지구가
우주여행이 끝날 때까지
우리를 지켜볼 것입니다

존경심을
가지든
안 가지든 말입니다

| 참조 |

(1)토머스 제퍼슨 대통령 : 미국 3대 대통령.
(2)에이브러햄 링컨 대통령 : 미국16대 대통령으로 노예제 혁파함.
(3)시어도어 루즈벨트 대통령 : 미국 26대 대통령.

뉴욕 자유의 여신상

허드슨 강을 앞에
앨리스 섬에서
허드슨 강 건너
대서양을 바라보면서

어서 오란다

억압을
가난을
종교의 어려움을
털어 버리고
자유 속에 네가 원하던
네가 추구하던
네가 꿈꾸던 것을 마음껏 성취해 보란다

자유의 신천지에서
자유와
기회와
평등과
귀천이 없는 신천지에서

가슴을 펴고
심호흡을 깊이깊이 들이마시고

깊고 높은 하늘을 우러러
내일을 바라보면서

대서양변 뉴욕에서
태평양변 로스앤젤레스에서
너의 꿈을 기다리고 있단다

중서부의 푸르른 들판을
마음껏 뛰놀고 있는
버펄로처럼

저
높은 하늘을 마음껏 날고 있는
흰머리 독수리처럼

캐나다
국경을 맞대고 있는
메인 주에서
플로리다 주의 끝—키웨스트 섬까지

지구의 머리 알래스카에서
멕시코와 만나는 캘리포니아의
샌디에고까지

출렁이는 태평양의 낙원
하와이까지

너는
마음껏 꿈과 뜻을 펼 수 있단다

무엇이 불편한지
무엇이 모자라는지
언제든지 찾아오란다

앨리스 섬의 나에게

자유
평등 박애의 함성 속에
그
염원을 담아

대서양을 건너
나도
뉴욕으로 왔단다
고향을 그리워하면서

미국 필라델피아의 독립기념관

금이 간 독립기념관의 종을 바라보면서
얼마나 힘차게
독립의 염원에
금이 다 갔을까요

얼마나 충격이 컸을까요

안쓰러운 마음에
물끄러미 바라보는 나에게
종이
조용히 알려온다

저 함성을
저 발자국 소리를
저 환희 찬 독립만세 소리를 들어보란다

그뿐이 아니란다

한국의 이승만 초대 대통령
서재필 박사와
많은 한국, 미국인들의 모습을 보란다

저들의 눈빛에도
단 하나
독립이라는
목멘 두 글자란다

염원은 이루었지만
남북으로 갈림까지는
종인 나로서는 막을 수 없었단다

오늘따라
종로의 보신각 종이
눈에 어른거린다

천산 산에서

저 아래
바다와 같이 보이는 게
이지클 호수이지요

고산에 쏟아지는
눈부신 햇살 속에서
말을 타고 놀이를 하고 있다

저들의 핏속엔
테무친의 혼이
칭기즈의 야망이
칭기즈칸의 정복욕이 흐르겠지요

오늘은 이 산에서
내일은 저 산에서
여름에는 높은 산에서
겨울에는 평야에서

뜨는 해를 바라보며
말을 타고
양과 소를 앞세우고
지는 석양을 등 뒤로 하고
반짝이는 별을 머리에 이고

하루해는 오고
하루해는 가고

그렇게 1000년이
그렇게 1000년을
그렇게 2000년을 이어 왔지요

저들의 유목 생활은
높은 산의 산 사자도
산양도
들판의 늑대도
말도 양도 닭도
모두가 가족이지요

하늘을 머리에 이고
참기 힘든 기후에도
외롭게
외롭게
피고 지는
이름 없는 꽃들도
이름 없는 잡초들도 모두가 가족이지요

그들도
우주의 일원이고
끝없는 우주 여행객의 일원이지요

우리가 몸담고 있는
이 지구도
은하수에서 보면
또 다른 여행객이고

은하수 또한 천체에서 보면
또 다른 단체 여행객이지요

언제 끝날지 모르는
여행 속에
이곳이나
저곳이나 큰 차이는 없겠지요

하루 24시간
1년 365일
쉬지 않고 가고 있으니까요

쳇바퀴 돌듯 돌고 있는
여행은 언제쯤 도착할까요

그건 업보(業報)라고

업보가 끝나면
또다시 시작하게 되겠지요

어디인 줄은 모르지만 말입니다

기다림

기다림이란
길이를 말한 것일까요
부피를 말한 것일까요
높이를 말한 것일까요

아니면

약속을 기다리는 것일까요
막연히 기다리는 것일까요

아니면

기쁜 소식을 기다리는 것일까요
나쁜 소식을 기다리지 않겠지요

기다림의 미덕이란 언제까지를 일컬음일까요
기다림의 끝은 어디까지일까요

오랜 세월 동안 구도자들은 누구를 기다렸을까요

종교에서의 기다림이란
부활의 기다림일까요
지구의 종말일까요

인류 최후의 심판을 기다림일까요

기다림이란 처음과 마지막의 어디쯤일까요

당신은 많이 기다렸지요
정치인들의 약속과 이행을
정치의 이상은 이상향을 의미하며
그때까지 기다려야 하나요

기다림의 진정한 행복은
이런 게 아닐까요
갓 난 어린아이의 초롱초롱한
눈빛 속에
엄마 젖을 빨 때의

그
황홀한 듯한 천진난만한 듯한
미소 속에 기다림의 미학을

승마

승마를 하려면 말이 있어야 하고
말이 있으면
말을 다룰 줄 알아야 하지요

어느 쪽 말을 타시겠습니까
하얀색 말을 타겠습니다
성격이 까다로운 말인데요

히—히히잉
기다란 얼굴에
선택의 기쁨을 나타낸다

말은 알고 있단다
양 배에 느껴오는 힘의 강도에 따라
등으로부터
땅으로 떨어뜨릴지 여부를 판단한단다

모두들
불안한 얼굴로 쳐다본다

말의 귀에 살짝 속삭였지요
넌
영리한 말이라고

머리를 들어 쳐다보기에
나를 땅에 떨어뜨리면
너의 주인은 몸이 무겁기 때문에
사냥하는 동안 네가 고생할 거라고

고개를 까딱까딱
뚜벅뚜벅
점점 속력을 높이면서 사냥이 끝나고

무사히 제자리에 데려다 주면서
히—히히잉
또 오라는군요

갓

갓 하면
선비이고
선비 하면 청렴결백을 떠올리지요

오랫동안
벽에 걸려 있는
갓을 무심히 쳐다봅니다

어느 때부터인가
갓 밑에
장죽도 함께 걸어놨지요

갓과 함께
선비들이 추구한
사상과 정신을 되새겨 봅니다

선비 사상의
교양은 오늘의 외교를
풍류는 오늘의 문화인 것을
남에게 실례를 안 하는 것
도덕과 윤리와 공중도덕임을

선비사상의 핵심은

자주(自主)이겠지요
자주는 주관이고
주관은 독창적인 것이고

선비사상을
풍류를 문화로
선비는 예견하였겠지요

먼 훗날
쏟아져 들어오는 저질문화를
선비사상으로

저질문화에는 전통문화로
경제와 힘에는
선비의 정신력으로 상대하라고

선비들은 외출 시
의관을 깨끗이 하였다지요
갓과 함께

잊혀져가는 선비사상을
어렸을 때의
서당과 함께 떠올려봅니다

산 사자

천상(天上)의 신은
창조주의 지시를 받아
정령(精靈)의 마중을 받으며
은은한 음악과 향그러운 향기 속에

하계(下界)로
심원(深遠)의 허공으로부터
구름을 헤치고
정령(精靈)의 배웅 속에
만년설이 쌓인 봉우리로 내려오면

하염없이 웅크리고
하늘만 쳐다보던
산 사자가 날렵하게 일어나
험준한 산길을 안내하기 시작하지요

산 사자는
오늘을 위해
설한의 겨울에도
폭염의 여름에도

까마득한 정상을
잠시도 비운 적이 없고

길을 정리하고
산의 정상을 떠난 적이 없었지요

어느 때인가
하강할 신을 위해
고산의 정령과 함께 말입니다

천상(天上)의 신은
일행과 함께
인더스 강을 따라
너풀너풀 내려가기 시작하고

어슬렁어슬렁
산 사자는 제자리로 돌아가
멀어지는
신의 뒷모습을 바라본다

오늘은
지구가 탄생한 날
지구를 관장하는 제신의 간청으로
지구를 찾게 되었지요

인더스 강을 따라
제신의 영접을 받으며
창조주의 계명을 전하면서

동남아의 정글을 거쳐
사이나이 반도와
아라비아 반도를 거처
아프가니스탄을 찾아

창조주의
메시지를 전하는 게
하강의 목적이지만

저 멀리 천체의 창조주도
지구의 지속적인
여행을 위한 운행에
우려를 표하시고 있음을
제신들은 유의하란다

끊임없는
전쟁으로 인한 지구표면의 상처와

바다 속까지의
유정(油井)으로 생긴 구멍과
벌채(伐採)로 인한 사막화는

몸에 생기는 피부염과 같아서
치유는
퍽 염려스러울 뿐만 아니라

자동차 매연과
산업 굴뚝에서의 매연과
수질오염은
지구의 수명에도 영향이 있고
재앙이 되므로

신들은 지구상의 인류에게 알려주고
빠른 개선과
재발(再發)하지 않도록
계몽을 부탁하면서

시간이 경과하여
창조주를 대신하여 전하며
작별을 한단다

임금님

임금님이 누구인지 아세요
말씀해 보시지요

제가 먼저 물었잖아요
그런가요
그렇지요

보신 적은 있으신가요
없는데요

들으신 적은 있으신가요
없는데요

책에서 보신 적이 있으신가요
책이나
뉴스에서 영화에서는 보았지요

임금님은
인류 역사의 초기와 중기까지는
서열이 신의 상위였지요

창조주와의 관계는요
밝혀진 바가 없기에

말씀드리기가 어렵군요

임금님은
모두의 위이고
위로는 천지신명과
아래로는 미물에 이르기까지
삶을 보살피고

모두의
생사 여탈권을 가지고 있었다지요

어떻게 그렇게 빠르게
지존과
위엄과
권위가 변할 수 있을까요

시민 사회의 발전과
인권의 신장과
교육의 힘이겠지요

정직과
평등과
법의 확립과
정치 개혁과 신념의 결과이겠지요

임금님도
교육은 장려하였다지요

물론이지요
교육의 평준화가 아닌
소수의
엘리트 교육에 치중한 결과이겠지요

시간 Ⅱ

천체에는 시간이란 게 없겠지요
정적과 침묵만이 지속되고
움직임이 없으니
속도가 없고
속도가 없으니
빛이 없고
빛이 없으니
생물이 진화를 할 수가 없겠지요

어느 날
천체에서
은하수가 분리되고
은하수가 분리되니
움직임이 생기고

태양계가 생기니
빛이 비추이고
빛은 바람과 속도가 필요하기에
자전과 공전이 시작
지구는 끝없는 여행을
좋든 싫든 하게 되었지요

태양은 빛을 생산하기 위해
힘없는 별들을 필요로 하고
늙고 힘없는 별들은 우주를 위해
태양의 인장력에 이끌려 빛으로 변하고

밤과 낮으로 나누임은
자전과 공전으로
빛의 파장을 속도로 환산하려니
시간이 필요하였겠지요

지구는
오래 오래전부터
오늘도 내일도
우주여행을 계속하고 있지만

시간과 무슨 관계가 있느냐고요
정적과 침묵에 따른 정지가
아니라는 거지요
숨을 쉬고 움직이고
살아 있다는 거지요

시간은 움직이고
쉬지 않고 가고 있지요
창조주는 알고 있지요
시간은 언제부터 언제인가를 말입니다

6월

6월이 왔다
두 팔을
허공에 쭉 뻗어
푸르른 하늘을 우러러보자

뒤축을 번쩍 들고
하늘을 우러러
두 팔을 쭉 뻗어 보자

가슴을 펴고
심호흡을 크게 하면서
푸르른 6월을 들이마시자

푸르른 숲에서
술렁거리는 산속에서
쉼 없이 흐르는 개울물이
빨리 오라고 손짓한다

모두가 활기차다
모두가 새 생명을 노래한다

호랑나비도
노랑나비도

하얀나비도
꿀벌도
잠자리도

어린 새와 함께
새들의 합창이
시끄러운 숲으로 가자

가사란 개의치 말고
악보란 개의치 말고
다 함께 노래하자
6월이 왔다고

하늘에선
뭉게구름이
뭉클뭉클 춤을 추면서
하늘을 유영(遊泳)하며 미끄러지고 있다

푸르른
수평선의 대서양으로
다 함께 가자

따가운 햇볕이 쏟아지는
6월의 해변을
다 함께 가자

캠브리지 대학에서

언제 사진인가요
1991년 7월 22일로 되어 있군요
어디지요
배경의 신록이 신선한 초록이네요

캠브리지 29개 대학 중 하나지요
1000년이 된 학교들이지요
건물마다
고색창연(古色蒼然)한 것이
이해가 되는군요

영국의
또 다른 옥스퍼드 대학과 함께
수많은 지도자를
각 분야에서 배출하였고
내일의 지도자를 배출하였지요

같은 학풍으로
약 400년 전
미국의 하버드 대학의 롤 모델이란다

어제의
노력과 전통이 이어졌고

유구한 전통은
중단 없는 노력의 결실임을

머리 숙여
경의를 표한다
오랜 세월의 전통을 말이다

명예박사학위 수여식에서

명예박사학위를 축하합니다
전 소연방과
세계적인 물리학 박사인
총장의
축하를 끝으로
학위식은 끝났지요

총장은 회고하기를
물리학 박사였고
이 대학 총장이었던 할아버지가

제정러시아의 황제에게
세계 최초의
명예박사학위를 수여하였고

두 번째는
헝가리-오스트리아 제국의 대사에게
세 번째는 소연방 대통령 고르바초프
오늘이 네 번째란다

명예박사학위는
유럽으로
미합중국에는 1950년쯤이란다

이 대학이 세계 최초란다

기념으로는
최초의 달 탐사선에서 가져온
백색 운석이란다

운석과 같이 빛이 되어 달란다

소원(所願)

마음을 비우고
고요한 마음으로
정신을 집중
간절히 기도하세요

소원이 이루어질 겁니다
중단하지 마시고

무슨 소원을 열심히 기도하세요?

나이도 연로(年老)하신데
남북통일을 이루어 달라고

마음을 비우고
정신을 집중
지난 60년간 한 번도
중단한 적이 없이
간절히 소원을 기도하였지요

얼마나
더 기도를 해야 되는지 모르겠군요

국제화 시대라 언어가 달라서

통역이 필요한 건 아닌지 모르겠네요

그리스 신화의
시지프스의 이야기를 해 드리지요
무거운 돌을
산 위로 굴려 올리는 벌(罰)이었지요

얼마를 올라가면
바위의 무게에 의해
처음보다 더 멀리 굴러 내려가서
다시 시작하였다지요

통역이나
언어의 문제가 아니라
인내의 문제로
인내를 가지고 집중하셔야지요

창조주는 알고 계시겠죠
소원이 무엇인가를

물론 알고 계시겠죠
중단을 하지 말고
더 열심히 하라고 하시겠죠

그건 너의 숙명이라고

체르노빌 원자력 발전소

가파른 산길을 따라
웨스트 우크라이나의 국경을 넘어
루마니아의 부카레스트를 가면서
어느 마을을 들렀다

루마니아는
로마 시대에는
로마로부터
머나먼 지역이란 뜻이었단다

한국도
왕정 시대엔 남과 북에
그러한 지역이 있었다

마을 회관에 들어가니
손발이 없고
얼굴이 일그러지고
일그러진 눈으로 애처롭게 쳐다본다

300㎞ 이상 떨어진
우크라이나 체르노빌 원자력 발전소
사고로
낙진이 바람을 타고 날아와

임신 중인 엄마가
낙진에 오염
지체아가 태어난 결과란다
이웃 나라도 피해를 입고 있단다

경제적인 에너지 혜택과
공해가 최소화라고 하지만
한 번의 사고는 돌이킬 수 없는
재앙을 가져옴을 잊지 말아야 되겠다

과학의 혜택과
해악(害惡)은 어디가 경계일까요
도덕과
윤리의 차원을 넘어서 말입니다

전쟁과
평화의 양면과 같으니
저 어린 생명을
어떻게 치유하여야 될까요

창조주인 당신은
무슨 이유로
양면의 칼날을 주셨는지요

최초의
원자력 발전소의 사고로는

구소련의
시베리아에서 아직도 회복이 안 되었고

두 번째는
미국 펜실베이니아의 스리마일 섬에서
사고 이후 폐쇄되었지요

세 번째가 우크라이나의 체르노빌이지요

보이지 않는 곳으로부터의
경고라고 보아야 되겠지요

떨어지지 않는
발걸음을 옮기며
끝없는 하늘을 바라보면서
천진한 아이들이
치유되기를 간절히 바랍니다

카스피안 해(海)에서

한낮 사막의 기온은
적막 속에 점점 올라간다
아지랑이 같은
신기루가 손짓하고 있다

카스피안 해를 따라
하이웨이가 곧게 뻗어 있다

자동차의 에어컨도
후덥지근한 바람에 슬그머니 짜증이 난다

야생 낙타들이
하이웨이 한가운데서 비켜줄 줄 모른다
자기들의 영역을 침범한 게
못마땅한 듯 되새김질만 하고 있다

해수면에서 500m 아래란다

전속력으로
계속 달리지만
목적지는 좁혀지지 않고 있다

오일 머니의 위력인지
20년 전보다는 길이 좋아졌다

카스피안 건너는
이란으로
이란을 거쳐 이라크로
메소포타미아에 연결된다

알렉산더 대왕도
칭기즈칸과
오스만투르크의 술레이만도
이 길이 아닌지 모르겠다

원유의 송유관과
유전의 시추탑만이 이어지고 있다

사우디 유전 지역처럼
불모지였던 사막이
황금알을 낳는 들판으로

사우디 사막 유전지대에 이어
이곳에도 밤낮이 없다

솟아오르는 검은 황금은
평화와 전쟁을
종교의 분쟁을 동시에 안고 있으니

신은
두 가지의 좋은 것을
함께 안 준다고 하였다지요

멀리 아른거리는 신기루에
이방인의 방랑은
언제나 끝이 나려나

카스피안의 검은 상어알을 곁들인
포도주와 함께 한잔하고
샤워를 한 후
피곤한 몸을 꿈속에 맡기고 싶다

이별(離別)

시간은
시작도 없고
끝도 없는데

지구에 살고 있는
모든 생물들은
늙음을 맞아야 하고

늙음은
이별의 신호임을
병사(病死)이든
사고사(事故死)이든
자연사(自然死)이든

어제
워싱턴 포스트지에 실린
친구의 부고는
이별의 외로움을 알려준다

일 년 전에도
로스앤젤레스에 살던 어렸을 때의 친구가
나와의 통화 중
전화를 떨어뜨리고

생을 끝냈음을 알았을 때

밀물처럼 밀려오는 허전한 외로움이란
애써 잊으려 해도
떠오르는
피할 수 없는 인연임을

이별이란
피할 수 없는 인연임을
아니면
느낄 수도 없고 볼 수도 없는

또 다른
우주여행을 떠난 것은 아닐까요

앞서거니
뒤서거니
다음 여행을 위한
휴식을 위한 이별은 아닐까요

지구에서 만날 때에도
또 다른
위성에서 이별을 하고
지구에서 만났겠지요

이별은 만남을
만남은 이별을

오늘의 이별은
내일의 만남임을 알고 있답니다
또다른 위성에서의 만남임을

나는 믿고 있지요
20년 전
이별한 친구를 꿈에서 보고 있지요

가까이 다가가고
가까이 다가오고 있다는 것을

다시 만나는 날
끝없는 이야기로 밤을 새울 것입니다
그동안
밀렸던 이야기를 말이죠

제2부

나그네

화석(Petrified Wood)

인류 발생지의 한 곳인
인도네시아 자바 섬의
마지막 왕국의 왕손이
무엇을 들고 오고 있다

언제 보아도 구김 없는 얼굴에
한 얼굴 가득히 웃음을 띠고
부인과 같이 오고 있다

곱게 싼 상자를 열면서
2억 년 전
지질학상 제3기경의
화석으로

까만 대리석에
회색 무늬가 박혀 있는
매끈한 화석으로

전 세계에 6개밖에 없으며
하나는 장손이
다른 하나는 박물관에
세 번째는 대통령이
네 번째는 유럽 왕궁에

다섯 번째는 유럽의 박물관에
여섯 번째가 이거란다

오랫동안 왕궁에서
왕세자의 징표로서
대대로 전해오던 것이란다

이 징표는
이 시간부터 너의 것으로
잘 간직하고 우정을 변치 말잖다
사라진 왕국을
잊혀진 왕족을 잊지 말란다

남지나 해를 지나
태평양을 건너
미대륙을 서에서 동으로
대서양변 응접실에서 쳐다봅니다

화려했던 지난날의
못다 한 이야기를
슬픔 속의 지난 이야기를
해줄 수는 없느냐고요

지난 20여 년을 함께 지내고 있다

지난 2억 년
지구의 길고도 짧은
역사를 듣게 되기를
오늘도 기다리고 있지요

너는 알고 있을 것을
단절된 창조주와의 교신을
당시에 무슨 일이 일어났었는가를 말이다

놋쇠로 만든 성경

놋쇠 박물관은 독일에 있지요
눈길을 끄는
전시품으로는
어른 손 하나 반 크기로
4면으로 접을 수 있고

한 면을 4등분으로
놋쇠 위에 도자기로

도자기가 입혀
지저스 크라이스트(Jesus Christ)의
출생에서부터 최후까지를
신약성서를
그림으로 표현하였다

17세기에서 18세기 초
러시아정교회
추기경들의 지참물이었지요

그 가족이
소지하였던 것이라는 설명에
큐레이터의 눈빛이 달라진다

어디서 구하셨습니까
팔려는 게 아니고
감정을 해주시겠습니까
박물관 소장품보다 상태가 좋군요

북극에 가까운 모스크바의 겨울은
유난히 춥다
난방(Heating)이 꺼진
공항 안도 춥기는 마찬가지다

여기저기 모여서
보드카 잔을 돌리면서
추위를 이길 때
주위의 혁명군 군인들의 감시가
더욱 여행객들을 움츠러들게 만들고 있다

불안감이
초조함이
모두의 얼굴에 나타난다

러시아 여인이
천천히 다가오면서 이야기를 하잖다

자기도
다음 비행기를
기다리지만 여비가 없단다

가방을 열면서
처음 보는 놋쇠성경을 보여주면서
설명을 시작한다

자기의 할아버지의 할아버지는
제정러시아 때
러시아정교회의 추기경이었고

사회주의 국가로 바뀌면서
종교가 금지되어
지금까지
비밀리 보관하였던 것이란다

유럽으로 가야 하는데
이것 외엔 아무것도 없단다

돈이 당장 필요하단다
놋쇠성경을 맡기겠단다

옆에 있던 러시아인이 눈을 찡긋
속지 말란다

다시 만날 때 돌려달란다

30년 동안 한 식구가 된 유래지요
손녀딸을
지금도 기다리고 있지요

물(Water) I

물은
높은 데서
낮은 데로 흐른다고 하지요

하지만
물이 낮은 데서
높은 데로 흐르는 곳도 있지요

무국 동북부
뉴햄프셔의 한 개천물이
낮은 데서
높은 데로 흐르지요

지질학자들은
지하에
자석 광석의 영향이라고 하지요

풍수 역학에서는
무엇이라고 할까요

미국 중서부의
럭키 마운틴의
옐로우스톤 국립공원 안에서

미대륙 동서의 경계가 시작되지요

북극과
남극처럼 말입니다

우측으로 말을 옮기면
미대륙의 동쪽이고
좌측으로 발을 옮기면
미대륙의 서쪽이 되고

이곳에서도
개천물이 낮은 데서
높은 데로 흘러가지요

노자께서
이곳을 보셨으면
달리 표현하지 않았을까
생각해봅니다

그건
자연현상이라고 하시겠지요

당신은 알고 계십니까
물은 어디에서 왔고
어디로 가고 있는지요

지구의 모든 삶은
물과 공기로부터 시작되었고

우주여행에서는
물이 없으면
여행을 할 수가 없겠지요

물은
하늘로
땅밑으로
낮은 데서 높은 데로

짠 바닷물이든
생수이든
눈으로 변하든
얼음으로 변하든

깨끗한 물이든
더러운 물이든
모든 지구상 생과 삶의 시작에
물은 필요하고

물은 물이고
불평 불만이 없는 물이지만
물에게 고마움과
감사를 잊지 말아야 되겠지요

헬레니즘의 꽃병

응접실
헬레니즘 문화와 문명의 전성기 때의
도자기 꽃병을 바라보며
그날을 회상하여 봅니다

크리미아 반도, 흑해 얄타 시
전 이란왕 하계별장에서
아쉬움 속에 받은 그리스의 꽃병
그와의 이별도 30년이 지나고 있다

그리스 꽃병 옆에는
고려청자
이조백자
빗살무늬 토기항아리와 함께
잘 어울리고 있다

고요한 새벽 어둠 속에서
이야기가 들린다

통역도 없이
백자와
청자와
그리스 꽃병이

진지한 이야기를 나누다
인기척에 놀라 대화를 중단한다

적막감이 감도는 가운데
나도 좀 끼자니 안 된단다

너는
너무 어리단다
우리는 네가 생각하는 것보다
나이가 많아 소통에 문제가 있단다

깨지거나
떨어지지 않게만 해달란다

탱화

네팔의
카투만두에서
석가모니의 탄생지로 갔다

불교사찰들이 나무로 지어져서
의문을 표시하자
초기에는 대리석 건물이였으나
지진으로 부서진 후 나무로 지었단다

왕의 사촌동생은
자기 집으로 가자면서
석가모니와의 혈통을 이야기한다

응접실에 호피가 있기에
좋다고 하였더니 가져가란다
국제적으로
금지품이라고 하며
호랑이 그림의 카펫으로 대신하였다

번잡한 재래시장에 들러
탱화를 구했다
쇼핑을 하러온 게 아닌데 말이다

거리거리에
빨간 머리띠를 두른
반정부 모택동 공산주의 시민들의
운동이 한창이다

탱화를 한 장 그리는 것은
1년에서 1년 반이 걸린단다

금(Gold) 물로
너무나 자세히 표현한 것 같다

사후 세계와
우주와 천체를 포함

우주관이
종교관이
그 섬세함에
더는 설명할 게 없을 것 같다

탱화를 보면서
조금은
이해를 할 것 같다

차(茶)

오랜 기간 동안
차(茶)를 마시고 즐기고 있다
차(茶)의 역사 에도
관심을 갖게 되고
차(茶) 산지도 다녀 보았다

차(茶)를
즐기는 나라와 국민은
중국이라 하겠다

중국에서 수입하던
영국이 17세기말
처음 영국에 소개할 때는

동양에서 수입한
신비한 만병 통치약으로
고가로 판매하였고
상류 사회의 전유물이었다지요

지금도 유럽에서는
차(茶)의 향과
차(茶)의 맛을
가장 많이 스낵을 곁들여 즐기는 게

다른 유럽인들과 다르다고 하겠다

커다란 차(茶) 포트에
보온을 위해
차(茶) 포트를 싸고 말이다

영국인들이
중국과의 관계 악화에 따라
수입이 여의치 않자
녹차의 묘목을 스리랑카로 가져가
이게 홍차의 효시란다

러시아와 중앙아시아도
차(茶)를 좋아하지만
홍차를 더 마시는 것 같다

차(茶)에는
녹차와 홍차
즙을 낸 녹차도 있고
연꽃차도 있고
허브차로 인도산도 많지만
녹차를 즐기고 있다

녹차로는
한국 녹차를 가장 즐기고 있다

다음이 일본 녹차고
중국 녹차는 진한 편으로
생산지역의 기후
생산지의 토양과도 관계가 있는 것 같다

몇 년 동안은
차도(茶道)는 고사하고
차기는 고사하고
알 수 없는 게 차(茶)라 하겠다

한잔의 녹차에 묻어나는
은은한 맛과 향은
얼마 후에 찾아온다고 보아야겠다

처음부터
차도(茶道)나
차기에 치우치다 보면
차(茶) 자체를 잊어버리기가 쉽다

차(茶) 여행을 떠나보자
차(茶)의 나라, 중국
5대 명차로부터
각 지역에 따른 특산차로부터
수많은 차종류에
수(數) 세기를 포기하였다

한국 차의 특징은
진하지 않고
연하지 않으며
녹차는 몇십 년째 즐기고 있지만

시간이
세월이 지날수록 정이 든다

은은한 향과 맛이
한국 녹차라 하겠다

일본 녹차와 다른 차는
각 섬과 지역에 따라
많은 차가 생산되고 있고

즐기면서
차도(茶道)와 차기도
많은 종류를 볼 수 있으며
중국산보다 한국산에 가깝다 하겠다

히말라야 산자락의
네팔과 부탄은
진한 편으로
홍차로는 좋은편이라 하겠다

진한 향으론
인도의 수많은 차(茶) 종류와
스리랑카의 홍차와
인도네시아의 자바섬의 보고타의 차를

우크라이나의 서쪽 지역과
슬로바키아의 경계에서
소량 생산되는 차도
또 다른 차의 향이라 하겠으며

아프리카에서는
대부분 홍차를 생산하지만
다른 느낌의 차(茶)를 즐길 수 있으며
그 외에 많은 지역에서도 생산되고 있다

차(茶)는 어느 지역에서 생산되든
신의 선물인
자연의 기를
자연의 향을
자연의 맛을 즐길 수 있기에

정신과
마음을
안정시켜 준다고 보아야 되겠다

차(茶)는 누구와 같이 마시냐
혼자 마시냐에 따라
봄 여름 가을 겨울
계절에 따라
밤과 낮에 따라
온갖 기후에 따라
느낌이 다르다고 하겠다

많은 사람들은
설탕이나
크림을 첨가하지만
아무것도 첨가르 않한
녹차 위주로 즐기고 있다

차(茶) 잔을 앞에 놓고
묵화를 바라보며
문득 떠오르는 얼굴을 그려봄도
차의 또 다른 매력이지만

둥근 보름달을 바라보며
마시는 차맛은
색다른 분위기를 자아낸다고 하겠다

당신은 모를 것입니다
설한풍의 불모지인 시베리아의 1월
한잔의 차로

꽁꽁 얼었던 몸과 마음을
봄볕에 녹는
눈처럼 녹여주는
한잔의 차를 말입니다

차도(茶道)를 아느냐고요
차기가 갖추어졌느냐고요
그렇게 중요한가요

사색을
명상을
차(茶)와 함께 해보았느냐고요

당신에게 묻고 싶습니다

이름 아침부터
초록 우주의 기(氣)를
머금은 이파리를
한 잎 한 잎 정성껏 거두고 있는
한 폭의 그림과 같은
차(茶)밭의 여인들을 어떻게 생각하십니까

그녀들은
천상에서 지상으로
우주의 기를
한 잎 두 잎 전해주고 있지요

차도(茶道)와
차기와
사색과
명상의 조건은 없었겠지요
자연을 자연스럽게 즐기라고 말입니다

차도(茶道)와
차기와
사색과
명상을
차(茶)와 함께 하는 것도 좋겠지만

고정관념에
구속을 받지 않고 즐기고 있지요

차도(茶道)와
차기와
사색과
명상을
차(茶)의 향기와 시작하여 보도록 하지요
차와 함께…

조랑말

미 동북부 버지니아 주의 대서양
해변가의 팅코탱코(Chincdteaque, Va)에는
언제부터인가
야생 조랑말들이 살고 있지요

조그마한 다리를 지나면
육지에서 갈 수 있는 국립공원이지요

많은
야생 조랑말들이 살고 있지요

미합중국이 생기기 전
이 지역을 지나던
상선과 군함으로부터 말[馬]이 섬으로 탈출

오랫동안
염분이 많은 풀을 먹고
대(代)를 지나면서
지금의 야생 조랑말로 변하였고

7월 3째주에 3일간
팅코탱코 섬에서 바다로 뛰어들어
헤엄을 쳐서

육지로 올라온 뒤
살던 섬으로 되돌아 가지요

다음 해
이 날까지 섬에서만 살고
이 날이
이 섬에 상륙한 날로
기념행사는 잊지 않고

해마다 행사를 하기에
세계 각국에서
관광객이 찾아 오고 있지요

사람이 아닌 동물들도
망향을 그리며
주인을 그리며
전통을 이어가고 있다

금년에도
많은 관광객의 주시 속에
힘차게 물살을 가르는 모습을 떠올리며
아침부터 바다를 보고 있다

록키산맥에서
갈기를 휘날리며
자연 속에 아무 구애를 받지 않고

힘차게 뛰어다니는
야생마인 머스탱과는
또 다른 야생 조랑말들이다

포틀랜드 헤드 등대

신앙과
인권과
자유로운 삶의
신천지를 찾아

속박 속의 구대륙을 떠나
아무도 기다리지 않고
인연도 없는

메인 주의 푸리마우스로
대서양의 길을 잊을까
풍랑을 헤치고 도착한 신천지

다음 오는
도착할 배를 위해

바닷가에
긴 겨울의 북극 바람 속에서
무서운 태풍 속에서도
외럽게
서럽게

아마득 이어지는

수평선 너머 유럽에서
언제올지 모를 방문자를 기다리며

오늘도 바다 갈매기에게
소식을 띄우고 있는
외로움 속의 하얀 등대를
화폭에 옮겨봅니다
오선지에 화음으로 표현해 봅니다

화려한 석양의 환상 속에
보석처럼 빛나는 별빛 속에서도
행여나
오는 항해자나
가는 항해자의 안전을 위해
밀려오는 졸음을 참으며
헤아릴 수 없는 날을 보내고 있습니다

동녘이
핏빛으로 변할 때까지
깜빡
깜빡
신호를 보내고 있지요
나 여기 있다고

종착역이 없는 우주의 여행자들로
어제와 같이 오늘도
오늘과 같이 내일도
깜박일 것입니다

나그네

패랭이 짚신 신고
종착역이나 행선지 없이
그림도 그려주고
시도 써주고
시조도 읊으면서

나그네는 고즈넉하면서도
여기도 기웃
저기도 기웃
흔적 없이 소리 없이

석양과 함께
사라져 자취를 감추지요

나그네와 배낭의 여행자는
동의어는 아니겠지요

짚신과 도보로 주유(舟遊)하기에는
세상은 넓어져
기차로
자동차로
비행기로
무임승차는 어렵게 되었고
비자가 없으면 국경도 넘기가 어렵고

지구도
우주의 나그네이지요

어디에서 왔고
어디로 가야 하는지도 모르고

돌고
또 돌고
끝없이
간 길을 가고 또 가고 있는
길 잃은 미아
우리 모두 나그네이지요

늙은 노인 얼굴 큰 바위

늙은 노인 얼굴 큰 바위는
미국 동북부 뉴햄프셔의
1774m 높이의 산정상에
근엄한 얼굴로
우주의 메시지와 정기를 간직하고
마을의 지도자를 기다리고 있었지요

마을 사람들은
늙은 노인 얼굴 큰 바위를
슬플 때나
좋을 때나
올려다보면서

기원도 하고
위로도 받으면서
인내를 가지고 기다렸다지요

마을 출신으로
외지에서 장군이 되어 돌아오거나
큰 정치인이 되어 돌아오거나
큰 사업가가 되어 돌아와도
기다리던 지도자는 아니였음을 말입니다

실망을 하게 되었고
다시 기다리게 되었다지요

늙은 노인 얼굴 큰 바위와 함께
기다리는 마을 지도자는

도덕과 윤리와
담력과 판단력과
용기로 이웃을 돕고
자연을 아끼고
아이들을 사랑하고
연약한 여자들을 도와주고
이웃을 도와주는 지도자를 말입니다

지다리던 지도자는
먼 곳에 있는 것이 아니고

신문을 돌리는 소년에서
마을 사람들이 기다리는
늙은 노인 얼굴 큰 바위처럼
믿음을 주는
지도자로 크고 있음을 말입니다

등잔 밑이 어둡다는
속담처럼

나다니엘 호손[1]의 큰 바위 얼굴로
전 세계에 알려졌지만
몇 해 전 기다리기에 지쳤는지
너무 나이가 많아서인지
다른 우주로 여행을 떠났는지

마을 사람들이
아침에 일어나니
늙은 노인 얼굴 큰 바위가
변형이 되었다지요

허전함 속에
산 정상을 올려다보면서
언젠가는
제자리에 돌아오기를 바라면서
발길을 돌립니다

| 참조 |

(1)나다니엘 호손(Nathaniel Hawthone, al : 미국 소설가.

플로리다(Florida)

플로리다는
미국 동남부의 끝이고
열대 기후지요

플로리다에는
미국 동남부의 휴양도시 마이애미
꿈의 동산 디즈니월드
개척자의 상징
존 F. 케네디 우주 발사대

에버글레이즈 국립공원에서
플라밍고의 아름다운 군무와
악어도 볼 수 있지요

콜럼버스가
인도의 항로를 잘못 잡아
미대륙을 찾기 700년 전

엘도라도 황금의 땅에
남미 주둔 스페인 정복자들이
엘도라도 전설의 황금을 찾기 위해
남에서 북으로
탐색하면서 만든 이름이지요

아메리카 원주민인
인디언에게는
물어 보지도 않고 말입니다

황금을 찾았느냐고요
황금은 못 찾았지만
진주는 찾았다지요

경쾌한 궁중 무도회에서는
우아한 선녀들의 장식품으로
깊고 깊은 바닷속에서 찾아낸
우주의 신비한 광채를 발휘하지만

인디언들의 슬픈 사연과는
바다를 사이에 두고
진주에 얽힌 사연과는 거리가
너무나 멀다고 하겠지요

오랜 옛날
클레오파트라는
영원한 젊음과 미를 위해
진주를 식초에 담아 먹고 토하고
순수한 자연의 아름다움에 따른
수난(受難)사라고나 할까요

진주는 그 아름다움을
선녀들을 위해
어제도
오늘도
우아함을 잃지 않고 있지요

7월의 소나기

후덥지근한 7월 불쾌감만 높아간다
이글거리는 태양은
모든 것을 태울 것처럼 수은주만 높이고 있다

큰 나무
작은 나무들도 가지를 늘어뜨리고
숨쉬기가 가쁜 모양이다

새들도
부리를 벌리고 할딱인다

모기와 하루살이만 활발히 움직이며
지열은 계속 올라가고 있다

시원한 소나기라도
한차례 지나갔으면 하는 바람 속에
나뭇잎이
나뭇가지가 흔들거리면서 속삭인다

저쪽을
저쪽 하늘을 보란다

하얀 구름이
검은 뭉게구름과 함께
뭉클뭉클 어깨동무를 하면서
달려오기 시작한다

번쩍번쩍
천둥번개와 함께 발맞추어
시원한 바람이 몰려오기 시작한다

나무들이 살랑살랑 손뼉을 치며
샤워 준비에 바쁘다

물동이가 무거운지
앞이 안 보이게 쏟아붓기 시작한다
앞마당 마른 하수구가 넘치기 시작한다

서늘한 바람 속에
주위가 어두워지기 시작하고
무엇이 그렇게 바쁜지
뒤도 안 보고 가고 있다

휘몰아치는 바람과 함께
구름과 소나기는 인사도 할 사이 없이
불을 끄러 가는 소방차처럼
뒤도 안 보고 달려가고 있다

더위에 지친
모두를 구하기 위해 뛰어가고 있다

차별을 두지 않고
바삐 움직이고 있다
한여름 7월에
소나기가 오고 있다

한 없는 사람을 대가 없이 쏟아붓고
받을 줄 모르는 어머니의 마음과 같다
자연은 아름다운 것

소나기도 갈증 난 모두에게
어머니의 마음과 같이
쏟아붓고 간다

투정을 시작한다
너무 많이 주었단다

피해가 크단다
그만 주었으면 한단다

어머니의 크나큰 사랑처럼
못 들은 척
못 본 척
바삐 떠나간다

형제자매 모두를 보듬기 위해
어머니는 늘 분주하듯
산 너머
바다 너머에도 가보아야 한단다

우르르 쾅쾅
우르르 쾅쾅
공포감을 휘뿌리면서
구름을 휘몰아가면서 바삐 뛰어가고 있다

새소리가
사방에서 들려오기 시작한다
합창을 시작한다
자연을 노래한다

파릇파릇
생기가 넘치는 나무들이 가지를 흔들며
7월을 노래하기 시작한다
생의 찬미를

사슴이
큰 눈을 껌뻑거리면서 뛰어간다

7월은 성숙의 계절
대지의 사랑 속에
어머니의 사랑 속에

무럭무럭 자라나는 성장의 계절

7월의 소나기를 기다린다
넘치고
넘치게 흐르는
7월의 소나기를 말입니다

웨스트버지니아에서의 휴가

웨스트버지니아 산중에서
휴가를 보내고 있다
흔한 전화도
전기도 없이
텐트 속에서 일주일째인 것 같다

시계도 달력도 없이
신문도 없이 TV도 없이
점점 적응하며 익숙해지는 것
같지만 아직은 이르다

야생 흑곰이,
멧돼지가
사슴이 기웃거리며 가까이 오면
나도 모르게 지참한
총의 방아쇠에 손이 가지만
슬그머니 사라지는 뒷모습에
자신이 부끄러워진다

다음날에도
또다시 나타나 기웃거리다가 사라진다
궁금한 모양이다
새로온 이웃에 인사라도 하러 온 것 같다

낮에는 토끼와 다람쥐와 칭코몽크도
수시로 놀러 왔다가 돌아간다

늦잠이 들 때면
어김없이 산새들이 깨운다
좋은 아침
신선한 공기에 잠자러 왔느냐고

며칠간
깊은밤에 어디에서인가
아비규환의 소리가
지하로부터 끊임없이 들려왔는데
이제는 은은한 음악 소리로 바뀌고 있다

쌀쌀한 밤
평평(平平)한 바위를 찾아가면
우주의 기(氣)가 통하여
몸을 데우고 돌아온다

자정이 되면
은하수가 무리지어 흐른다
어디론가 흐른다

빙글빙글 돌면서
지구와 경쟁하듯
쉬임없이 별똥별이 흐르고 있다

높은 하늘에서도
반짝빤짝 자지 않고
별들이 지구와 경주하듯 흐르고 있다

어슬렁
어슬렁
새벽잠이 깬 듯 흑곰이 다가오고 있다

긴장 속에 쳐다보니
괴성을 내며 계곡 쪽으로 내려간다
말이 안 통하니
말 좀 배워가지고 오란다

내일은 하산을 하여야 할 것 같다

까마귀

이른 아침
집 뒤 덱(deck)에
덩치 큰 까만 까마귀가 와서
열린 슬라이딩 문을 향하여
까아악 까아악 울어댄다

지난 몇 년 전
그 많던 까마귀를
지방 정부에서 약을 먹여 자연사를 시켰고

이웃 자치 정부 관할로 가서 죽어
항의도 받았던 터라
까만 까마귀의 갑작스런 출현에 놀랐다

까만 긴 부리로 노려보면서
분노를 표하는 것 같다

까아악
까아악
무슨 권리로 우리를 죽일 수 있느냐는 거다
얼마나 많은
우리 식구와 친척과 동료가
죽은 줄 아는가란다

사람들에게는
죽일 권리는 없는 것으로 안단다

너희가 싫어하는 해충과
죽은 동물들의 시체를 치워 주었고
사람들에게 잘못을 한 적이 없고
미대륙에서의 연고가 더 오래되었고
경고를 하러 왔단다

우주의 재판관 신에게 고발하기 전에
살생을 금해주기 바란단다

까만 눈을 부라리면서
까아악
까아악
하늘 높이 날아서 올라간다

텅 빈 하늘을
멍하니 허공을 찾아본다

뿌리(Root)

뿌리(Root)는 대지에서
지구 균형을 잡으면서
몸통을 통해 가지를 키우고
가지는 잎을 키우고
잎은 우주와 교신하지요

어둡고 습기 차고
정적과 지하 신의 지시를 받으면서
지하의 기를 위로 보내면서
찬란한 태양을 향해
오늘을 힘차게 살고 있지요

꽃을 피우고
열매를 맺어 대지에 뿌리고
대지에 싹이 트면
숲을 이루어 자연을 가꾸지요

불어오는 바람에
소식을 전해 받고
스쳐가는 바람에
소식을 전하고

밤하늘에 달이 뜨면

잎에 잎이 마주 잡고
먼동이 틀 때까지 춤을 추고

반짝이는 별이 뜨면
별에 살고 있는 친척과 대화를 나누지요

뿌리(Root)는 알고 있지요
지구에 살고 있는 모두가 어디서 왔고
어디로 가는지를요

뿌리는 알고 있지요
우리의 뿌리[根源]를
뿌리(Root)는 알고 있는 것을

나무는, 뿌리(Root)는
지금도 끝없이 교신하면서
지구의 여행과
행선지를 의논하고 있겠지요

언제쯤
우리는
뿌리(Root)와 대화할 수 있을까요

앞서거니
뒤서거니
대지로 돌아가서
뿌리(Root)와 상면 후일까요

몬터레이 비치

샌프란시스코에서 남쪽으로
태평양 연안 몬터레이 비치와
페블 비치가 있지요

확 트인 태평양의 수평선에 이어져
푸르다 못 해
푸른 물감을 풀어놓은 것 같은
몬터레이 비치와 페블 비치는 이어져 있지요

태고에
지구상의 바닷물을
심연의 우주 색으로 결정
우주로부터 원료를 가져와
온 지구상의 바다물색을 푸르게
푸르른 우주 색으로 우주와 연결되었답니다

처얼썩 처얼썩
바다 소리에 맞추어
푸르름은 온 지구로 밀려가고
밀려와 해변 바위에 부딪혀
하얀 포말을 그리며 부서진다

하늘하늘
하늘로부터 엔젤(Angel)들이
사뿐히 모래사장에 내려
물감을 풀기 시작한다
그 위로 은하수가 무리지어 흐른다

창조주의 방문을 준비하는 듯
별빛에 은은한 자태를 드러내는
진주도 뿌리기 시작한다

달빛에 비추이는
몬터레이 비치와 페블 비치에서
벌어질 천상의 무도회에
참석할 선녀들이 사용할 것인 듯

처얼썩 처얼썩
바다가 무도회 연주를 위해
밤을 새우고 있다

태양이 떠오르면
갈매기들도
무도회에 부를 합창을 준비한다

처얼썩 처얼썩
푸르른 바다를 위해 밤을 새우고 있다

한라산

삼다의 탐라국 제주도에서
두리번두리번 찾아보았지요
돌
해녀
바람

돌은 변하지 않았고
해녀는 찾기가 힘들고
바람을 기후변화의 영향인지
오늘은 잠잠하군요

어제나
오늘이나
변하지 않은 건 한라산이지요

멀리 바다를 사이에 두고
본토와 떨어져서
남지나해와 대마도를 응시하며
반만년을 꿋꿋이 지켜오는
기상(氣象)에 고개를 숙입니다

한라산 산신령은
백두산 산신령과 대화를 하고 있을까요

대화를 하고 있다고요

무슨 대화를 하고 있나요
남쪽은 염려 말라고요
북쪽은 어떠하냐고 물었지요
북쪽은 염려 말랍니다

백두산 끝까지 염려하지 말랍니다
백두산 천지를 잘 끌어안고 있답니다

지난 60년간
허리가 편치 않다는군요

38선의 철조망과
지뢰를 제거해야
허리의 통증이 나을 것 같다는 군요

세월이 가기 전에
더 늙기 전에
허리 통증을 고쳐보도록 하자고 하였지요

허리 통증만 고치면
더운 여름에는 백두산 천지에서
추운 겨울에는 한라산에서
더위와 추위를 피하기로 하였지요
다가오는 반만년을

몬태나 주에서의 휴가

문명의 이기와 단절된
몬태나 주의 산중호숫가
통나무집에서 휴가를 보내고 있다

칠흑 같은 자정에
통나무집 앞마당에 모여
쿠바의 하바나 시가(Cigar)를 입에 물고
한 손에는 와인을
싸늘한 북쪽의 산중 6월 초 밤은 깊어간다

언제 쏟아질지 모르는
은하수가
무리지어 머리 위로 흐르고 있다

주제도 없이
결론도 없이
토론이 이어지고 있다

변호사
의사
엔지니어
국제무역 컨설턴트
모두 중년을 넘었다

경험을 바탕으로
사유(思惟)하기에 결론이 어렵다

먼동이 트기 시작한다
산중에서는 아침이 이르다

눈 부신 빛이 동쪽으로부터
산 정상의 만년설에 어우러져
황홀한 순간을 연출한다

자연은 순수하고
자연은 경이롭고
자여은 위대한 것을

어제도 어슬렁거리며 왔던
야생 불곰이
조심스레 다가오고 있다

황소보다 덩치가 큰 엘크가
큰 뿔을 흔들면서
하얀 숨을 내뿜으면서
불곰을 노려보고 있다

하루가 지나고
오늘이 시작되고 있다

제3부

갈대

갈대

미국 남부 플로리다에서
넓은 오키초비[1] 호수를 지나면
끝없는 갈대밭
플래글러 공원으로 이어지지요

남극의 달빛에 비추이는
갈대꽃은
애절한 사랑의 화신
갈리티아[2]의 분신인 것을

살그머니 스치는
바람에도 음률을 만들고
끝없이 펼치는 갈대꽃의 군무는
달빛도 흔들흔들
파도처럼 일렁이며

인디언의 구슬픈 피리 소리에
갈리티아의
애절한 슬픈 사랑의 소나타임을
언제 올지 모를 아칸을 기다리면서

어두운 밤에 별빛과 더불어
정처 없이 찾아 헤매며

어디에서 올지 모르는 아칸[3]을 위해
바람에 씨를 날리고
여기서 기다리고 있다고

희뿌연한
동녘 아침에 맞추어
플라밍고의 화려한 군무가 시작되지요

갈대의 애절한 기다림을
위로하기 위해

| 참조 |

(1)오키초비(Okeechobee Lack) : 큰물(호수).
(2)갈리티아 : 그리스 신화 속의 바다의 신.
(3)아칸 : 그리스 신화의 목동. 갈리티아와 사랑하다 포리페모스(거인)에게 죽임을 당함.

독립기념일

밤하늘을 수놓으면서
불꽃놀이가
국민의 열광 속에 계속되고 있다

폭음소리도 요란하게
큰 도시에서
작은 도시에서
마을과 마을에서
이날을 기다리고 있다

열광 속에
애국심이 무르익고 있다

독립투사들도
지하에서
하늘에서 흐뭇해하겠지요

그날을 회상하면서
국기(國旗) 아래 뭉쳐서
한마음 한뜻으로 독립이란 두 글자에
초개(草芥)같이 목숨도 버리고
가족도 잊어버리고
그들은 알고 있었지요

독립의 고귀함을

이리 쫓기고
저리 몰리고
얼마나 큰 대가를 치렀는가를
보상은 후대(後代)에 물려주기 위함임을

자유와
인권과
숭고한 개인의 가치를 말이다

구애받지 않는 자유를
독립을 말이다

더 높이
더 멀리
더 크게
더 오래 폭죽을 터트려라

하늘 높이 땅끝까지
은하수를 넘어
우주 끝까지

리히텐슈타인에서

리히텐슈타인은
25Km 길이에
10Km 넓이에
160스퀘어마일의 크기지요

라인 강을 경계로
스위스와 1923년 조약으로
외교 국방을 뺀 독립공화국으로
로마 때부터이지요

알프스산맥의 협곡으로
왼쪽이나 오른쪽이나
만년설을 머리에 인
평화스러운 공국이지요

오스트리아와
스위스와 국경을 맞대고 있으며
농사와 낙농을 위주로
수공예품도 생산하지만
스키와 휴양지로 알려졌지요

나라 하면
넓은 영토에

많은 인구에
삶의 질은 다음으로 생각하겠지만

평화로움 속에
풍요한 삶이
진정한 행복이
존재하지 않나 생각해 보면서
부(富)가 진정한
행복의 척도(尺度)는 아니겠지요

눈부신 만년설의 석양을 바라보면서
히말라야 산자락의
가난하지만
거짓과 꾸밈이 없는
이상향 샹스리아를 떠올립니다

스위스의 제네바로 향하면서
다시 한번 되돌아본다
잊어버린
고향을 떠나는 기분으로

지구(地球)

오늘도 지구는
우주여행을 계속하고 있지요
언제부터인가는 아무도 모르지요

동쪽에서 서쪽으로
어제에 이어
오늘도
내일은 알 수가 없지요

내일은 오지 않았으니까요

무엇 때문에
지구는
우주여행을 계속하고 있을까요

마왕(魔王)의
마술(魔術)에 걸려서일까요
마왕(魔王)은 어디에 있을까요

지구는
전생에 무슨 죄업이 있어서
원을 돌고 또 돌고
언제쯤 굴레가 풀리고 자유로워질까요

굴레가 풀린 다음엔
어디로 가야 될까요

흔적도 없는 원을 돌고
또 돌고
어제도 돌고
오늘도 돌고
내일은 모르지요

마왕(魔王)은 천체에서
돌고 있는 지구를 보고 있을까요

세고 있을까요
몇 바퀴가 남았는지를

오늘을 살고
내일을 기다리면서
어제를 잊어버리고

밤이면 별이 지켜보고
낮에는 태양이 지켜보고

화산으로 지진으로
허리케인으로
토네이도로
홍수로 가뭄으로 장마로

경고를 주고

지구는 천체의 마왕(魔王)을 기다리지요
어제는 지나갔고
내일은 아직 안 왔고

떠나온 천체의 고향을 그리며
침묵으로 원을 돌고 있지요
마술(魔術)이 풀릴 때를 기다리면서

해저유전 Ⅰ

심해(深海)유전의 사고로
원유가 바다에 떠다닌 지도 두 달 째다
인간의 두뇌와 경험이
자연을 앞서지 못하고 있다

고래가
거북이가
새우가
굴이
고기들이

바닷새들이
망고나무와 숲이
원유의 독성에 죽어 가고 있다

해변의
식물들도 죽어가고 있다
삶의 연결 끈이 끊기는 것 같다

보기에도 흉하고
냄새와 독성이 있단다
마이다스의 저주인지도 모르겠다

품어주고
길러주었는데
몸에 구멍을 뚫고

수억 년을
안전하게 저장되었던
원유를 채굴한 벌(罰)인지도 모르겠다

지구상의 삶은
모두가 유기적인
관계임을 일깨워 주는 것 같다

20여 년 전
알래스카, 발데즈에서의
원유 운반선의 사고로 인한
자연 피해가
아직도 원상태로 복구가 안 되고 있단다

파괴된 자연을
무엇으로
보상을 하여야 할지

지구는
창조주가 만들었고
좋게 사용하라고 주었지
파괴나 변형은 허락하지 않았음을

오랜 세월 동안
크고
작은 전쟁으로 인한
상처에도 침묵으로 오면서

화산폭발로
지진으로
허리케인으로
토네이도로

홍수로
눈사태로 경고했음을 잊지 말았어야 한다

지구의 내일을 위해
인류의 내일을 위해
자각(自覺)을 할 때가 된 것 같다

더 늦기 전에
문제가 생기기 전에 말이다

해저유전 Ⅱ

유전 원유 유출 사고로
피해가 확산
진정될 기미가 안 보인다

원유를 뒤집어쓰면서
영문 모르고 죽어가는
바닷새들과
바다고기들과

갈대숲과
망고나무들의 슬픔이
하늘로 하늘로 퍼지고 있다

난로아궁이 신(新)
헤스티아[1]의 달콤한 말에
태우고 또 태우고 끝없이 태우면서

공기를 오염시키고
지구를 상처 내기 위해
에너지를 필요로 하는

비행기와
자동차와
배를 만들어

원유는 더 많이 필요하게 되었고

땅 위에서
사막에서 바닷속으로
헤스티아의 안내를 받았겠지만

천지와 하계를 관장하는 신(新)
헤카테[2] 여신의
허가를 받지 않아서 재앙은 시작되었지요

창조주가
지하에 묻었던 천체의 쓰레기를
개발업자가
원유를 파내면서
오늘의 참사는 예견되었고

헤카테 여신의 마법은
빨리 풀어야 하겠지요

창조주의 의중을 헤아려
지구의
안전운행도 생각하여야 되겠지요

우주에서 바라보면
푸르른 보석빛으로 빛나는
단 하나 밖에 없는

지구의 유영을 위해서
모두를 위해서 말이지요

| 참조 |

(1)헤스티아(Hestia) : 그리스 신화의 난로아궁이 신(新).
(2)헤카테(Hecate) : 그리스 신화의 천지와 하계를 주재, 관장하는 마법의 여신.

해전유전 Ⅲ

해저에 갇혔던 원유가 솟구쳐 오른다
쉼 없이 솟구쳐 오른 체
훨훨 파도를 타고 춤을 추면서
넓은 바라들 헤엄치고 있다

억겁(億劫) 년을 어둠 속에
지옥에 갇혀서
무거운 바위에 억눌려
중압감 속에 숨을 죽이고 있다가
바다 위로 솟구쳐서 춤을 추고 있다

천상의 창조주가
어둠의 지하에 가둔 후
지상으로 올리지 말라는
계율을 어긴 결과지요

검은 원유는
밝음보다는 어둠을 가지고
쉼 없이 원유가 솟구친다
햇빛을 보고 환호하고 있다

원유를 뒤집어쓰고
눈만 깜박이며

계속 죽어가고 있는
페리칸을 치료하여 날려준 펠리칸이
오염된 해변으로
보호구역인 작은 섬으로 되돌아오고 있다

악마들의 주술(呪術)을 못 벗어난다

우리들의 고향이요
우리들의 번식처요
우리들의 안식처로 누구도 막을 수 없지만
어떻게 된 일인지 모르겠단다

많은 거북이가 죽어가고 있다
게(Crab)가 두 다리만 남겨놓고
기름에 싸여 죽어가고 있다

돌고래가 산란을 하고
새끼 돌고래와 함께 죽어가고 있다
튜나가 산란을 위해
회유(回遊)하여 죽어가고 있다

굴이 바다 속에서
무더기로 폐사하고 있다

바다갈매기가
이유를 모른 채 죽어가고 있다

하얀 백사장이 원유로 뒤덮여
붉고 검게 변하고 있다

악취를 퍼뜨리며 삶을 죽이고
해변의 푸르른 갈대숲이
많은 망고나무들이 죽어가고
육지를 빠르게 침식하고 있다

죽음과 삶의 경계가 무너지고 있다

살아 있는 생명체는
산소가 필요하고
물이 필요하고
대지가 필수적이지요

원유는 산소를 고갈시키고
물을 오염시키고
죽음을 불러오고
황폐화를 불러오고
대지를 불모지로 변형시켜
복원에 많은 시간이 필요하지요

원유의 최종 목표는
죽음의 블랙홀의 첨병으로
생명 없는 검은 별로의 바꿈이겠지요

어둠 속의 악마는
낮과 밤을 새워 춤을 추고 있다
수억 년 지구를 지배하던
다이너소어의 전철을 상기하면서
끝없는 희열을 느끼고 있겠지요

지구상의 모든 생명체는
흑성에서는 살 수가 없다는 거지요

양(洋)과 말을 살찌게 하고
젖을 짜기 위해
푸르른 들판과
푸르른 산야가
양(洋)과 말에 의하여
서서히 사막화로 되었듯이

원유를 퍼내어
바다의 사막화를 진행하고
생활의 편리를 위해
지구의 표면을 파괴하는 것은
무엇이 다를까요

지옥에서
연옥에서
악마들이 춤을 추고
깔깔대면서

파도를 타고 퍼져 나가고 있다

어둠에서
밝은 세상으로 나오고 있다

수많은 방제 배들과
방제 요원들의 저지선을 뚫고
육지로 육지로 접근하고 있다

욕망을 버리고
참되게
지구와 함께 여행을 하라는
창조주의 경고임을 저버리지 말고

허리케인이 도착하기 전
모든 지혜와
노력을 모아
유정을 막고
해저 지구의 표면을 원상으로 돌리고

지상으로 흩어진
원유의 악마의 흔적을
치유하는 길만이 남았음을…

오션 시티 해수욕장에서

바다가 부른다
모래사장이 손짓한다
지루하게 7월을 보내지 말고
확 트인 바다로 오란다

출렁거리는 파도에
바다갈매기가 기다리는 바다로 오란다
혼자 와도 좋고
같이 와도 좋단다

흰 모래사장을 맨발로 걸으며
촉감을 즐기며
비릿한 소금냄새의 바람을
깊이깊이 들이마셔 보란다

모래사장의 발자국에
신경을 쓰지 말고
파도나
바람이 지워줄 거란다

파도에 밀려온 조약돌을 줍고
흩어진 소라껍데기가 보이면
귀에다 대보란다

천상의 소리를
자연의 소리를 즐길 수 있을 거란다
누구에게도 들려주지 않은
때 묻지 않은 이야기들을

처얼썩처얼썩 빨리 오란다
두둥실 떠다니는
뭉게구름과 함께 기다린단다

칠월(七月)의 산

산이 부른다
산이 오란다

짙푸른 7월의 녹음 속으로
깊고 깊은 지하로부터 흐르고 있는
시원한 개울물에 발을 담그고
무심히 흘러가는 구름을 바라보잖다

속삭이는
나무들의 이야기에 귀를 기울이며

이 나무에서
저 나무로 날아다니며
발성을 연습하고
노래를 하고
작곡을 하고 있는
산새들에게는 신경을 쓰지 말고

넓적한 바위에 앉아
까불거리는 다람쥐와 칭코밍코에
무심해 보잔잖다

힐끗거리며
경계를 풀지 않는
사슴 일가에게는 겁을 주지 말고

스치는 바람이 전해주는
잊고 있었던
친구의 소식을 물어보란다

시시각각 변하며
작별 인사를 하는
석양에게 아쉬움을 갖지 말고

7월의 석양에 불평이란 하지 말고
조금만 기다리면
반짝거리며 별들이
잊지 않고 인사할거란다

비어 있는 위(胃)를 달래기 위해
바비큐를 시작하잖다
어두워지기 전에
흑곰이 기웃거리기 전에

산새들이 조용해지기 시작한다

무료한 듯한
산에서의 하루는 너무나 짧은 것을

계곡으로부터
어둠이 깔려오기 시작한다

요정들이
잠에서 깨기 시작하는 것 같다
별들이 하나둘 다가오기 시작한다

가을이 멀리서 기웃거린다
갈아입을 색색의 옷을 준비하고
나무들의 키를 재고 있다

사슴 일가들이
두리번 두리번거리며
저녁 식사를 하러 나오고 있다

리우데자네이루

인디오들은 슬픔을
가슴속에 간직하고
역사를 뒤로
깊고 깊은 아마존 정글로 자취를 숨기고

정복자 포르투갈인들의
브라질로의 역사는 시작
문화가 바뀌면서
남미의 자연과 열대기후가 어울려
리오네쟈네는 시작되었지요

세계 5대 미항(美港) 중 하나인
리우데자네이루 하면 카니발로
카니발을 위해 일 년을 준비하고

카니발 기간 동안에는
카니발과 함께 지새우고
화려한 색깔의 조화로
의상과 마스크로 치장

현란한 움직임과
광란의 율동을
남미의 음률에 맞추면서

밤이 새는 줄 모르게

다 같이 춤을 추고
다 같이 노래하고
다 같이 즐기고

오직 오늘이
오직 지금이
내일을 생각지 말고

종교의 차별이 없이
나이와 남녀 구별이 없이
즐기기만 하잔다.

저 산위에서
예수님의 성상이 두 팔을 벌리고
얼굴에 한 아름 웃음을 띠시고
즐겁게 즐기라고 한다.

밤은 길지 않지만
짧다고 불평은 하지 않지요

니쓰이 카니발도
바하마의 카니발도 화려하고 즐겁지만

아름다움과
규모와
섬세함과
리우데자네이루의 카니발은 독창성이 돋보이지요

신은
이들에게 카니발을 주었겠지요
어려운 세월을 잊으라고

성 산토스 해수욕장

브라질의
부산한 시내를 빠져나와
울창한 높은 정글의 산을 넘어
저 멀리 산자락 끝에

눈부시게 하얀 백사장이
강렬한 남미의 태양 아래
눈부시게 다가온다

대서양의 파도는
끝없이 밀려오고 밀려가고
하얀 모래사장을 가득히
발랄한 비키니 차림의 젊음이
눈부신 태양 아래 구김 없는 표정으로
보기 좋게 그을린 피부가
매력적으로 눈길에 다가온다

열대성 자연이
생활과 음악이
이들 특유의 낙천적인 삶을 만들었고
즐기게 되었나 보다

눈부신 적도 가까이에서의 태양에
반사되는 대서양이

퍽이나 고혹적으로 다가온다

해변을 따라
많은 식당들이 유혹한다
이타리안 해산물 전문식당에 들어갔다

두고 온 고향의 맛에
남미의 브라질 맛이 섞여
나폴리나
소렌토나
시실리에서의 맛과 다른

브라질
이탈리아 맛을 즐길 수 있다

아마존 정글의
때 묻지 않은
원주민들의 얼굴이 떠오른다
넓은 대지의 원주민이 그들임을

여기저기
비경(秘經)인
지구의 허파가 개발에 밀려
파괴되어 가고 있다.

오늘도
아마존 강은 끊임없이 흐르고…

아카풀코(Acapulco)

끝없이 확 트인 태평양을 바라보면서
멕시코의 아카풀코 항은
아름다운 해변을 자랑하면서
제2차 세계대전이 끝난
1950년대부터 화려하게 이름을 알렸다

밤과 낮이 바뀌면서
아카풀코의 명성은 쌓여갔지요

푸르른 태평양의 파도와
훈풍 속에 열대우림을 즐기며
경쾌한 노래와 댄스와
극진한 서비스를 받으면서

오늘을 지금이 있을 뿐
이름 하여 아카풀코
누구나 웃음 띤 얼굴에
어두움이 끼어들 틈이 없겠지요

선택된 그들에게는
오늘이
지금이 있을 뿐이지요

그들은 어느 행성으로 가고 있을까요
어두운 남극의 밤하늘에
반짝이는 별은 변함없이 떠오르고

태평양의 푸르른 파도는
끊임없이 밀려오고
밀려가지만
억만년을 살 것 같던 얼굴들은
찾을 길이 없음이여

아카풀코는 손짓한다

나! 여기 있다고…

마이애미 비치

북극에서 시작
알래스카와 캐나다를 거쳐
동북미국 끝의 마이애미 비치는
눈부신 백사장이 길게 펼쳐지고
출렁거리는 대서양을 만날 수 있지요

기나긴 백사장을 따라
높고 낮은 건물들이
출렁이는 파도와 백사장에
매우 잘 어울리고 있지요

비키니 차림에
관능적인 젊음이
일렁거리는 적도의 태양과
어울림은 퍽 자연스럽다

마이애미는
10월에서 12월 사이가 가장 쾌적하지만
후덥지근한 여름은 여름대로 즐길 수 있다

비스케인의 저택을 지키기 위해 시작되었다는
마이애미 시와 휴양지에
오늘도 세계 각국에서 오고 있다

싱싱한 랍스타로
허기를 채우고,
번잡한 마이애미 시내를 벗어나

에버그레이드 국립공원에서
야생 악어와 플라밍고도 만나고

인디언 보호구역에서
인디언도 만나보고

수상 보트를 타고
갈대밭을 지나는
또 다른 자연과의 만남이지요

남쪽으로 가면
마이애미 끝에서
155마일의 23개 섬을 다리로 연결한
북미대륙의 최남단 키웨스트에서
바다와 노인의 헤밍웨이 집도 볼 수 있지요

서북쪽의 와이오밍으로 이주 후
자살로 생을 마감한 헤밍웨이를
석양에 핏빛으로 물들이며
대서양 속으로 자취를 감추는 석양 속에
감회(感悔)에 젖어 본다

남국의 코코넛 나무 아래서
코코넛을 마셔 봄도 좋지요
흔들거리는
남국의 팜츄리를 바라보면서…

시간이 문제라고요?
그렇지요
시간이 문제지요

지구의 자전(自轉)

침묵과
소란스러움은 반대의 개념이지요

지구는
왜 침묵을 안 할까요
움직이어야 하니까요

움직이지 않으면 소란스러울까요
수많은 탑승객이 있으니까
침묵을 할 수가 없겠지요

천체는
왜 침묵을 할까요
탑승객이 없이 때문이지요

천체도 움직이나요?
안 움직이잖아요

침묵과
정적을 유지하며 비어 있으니까
소멸은 없겠지요

채우면 되지 않을까요

채울 게 있어야지요

지구는
왜 쉬지 않고 유영(遊泳)을 하나요
침묵하면 될 것을

침묵하려면 흔들리지 말아야 되고
흔들리지 않으면 소리가 없고
소리가 없으니 고요함이 지속되고
고요함이 지속되니 정적이 이어지고

정적이 이어지니 성장이 멈추고
성장이 멈추니 부피가 줄고
부피가 줄어드니 무게가 가벼워지고
무게가 가벼워지니 기체로 변하고

흔적이 없어지니
아무것도 남는 게 없게 되지요

그래서 지구는 침묵을 할 수 없군요

지구는
왜 둥글게 생겼을까요
우주 유영(遊泳)을 하려면
모진 것보다는 좋겠지요
둥근 모양이

스카이라인 동굴

웨스트버지니아의 시작인
버지니아 스카이라인이 시작되는 곳에
스카이라인 동굴이 지하에 있지요

2000여 미터 높이의 산 밑에
수줍게 동굴의 입구는 열려 있으며

크고 화려하지는 않지만
지하공간에서
지진에 의한 침식과
많은 세월 동안 형성된
석류암들을 볼 수 있지요

지하의 물이 괴어 형성된 작은 못에는
어른 손 한 뼘 크기의 송어와
다른 종류의 물고기들도 눈길을 끌지요

지하 신의 배려는 아닌지 모르죠

지상으로 열 마리를 옮겼으나
수시간 후 일곱 마리는 죽고
몇 마리의 고기만 살아남아
다시 지하로 옮긴 후

잘 살고 있답니다

칠흑 같은 어둠밖에 없는 지하
무슨 먹이를 먹고 자라는지
밝혀진 바가 없고

이 깊은 지하를 언제 어떻게
들어왔는지 알려진 바가 없다는 군요
주위에는
연못이나 강도 없고 말입니다

빛도
먹이도 궁핍한
악조건을 극복해서 자라고 있는
생명의 경이스러움과 신비에
다시 한번 잘 자라기를 소원해봅니다

둥근 지구는
지상뿐만이 아니라
지하에도
또 다른 생명체와 질서가 있고

생명체가 살고 활동하고
하늘과 지상과 호흡을 맞추면서
기나긴
우주여행을 함께하고 있지요

가을 I

지구는 오늘도 쉼 없이 가고 있다
동쪽에서
서쪽으로
모두를 데리고 가고 있다

겨울의 한복판 일월의
희끄무레한 회색 하늘을
찬바람에 휩싸인 먹구름의 터널을 지나
눈보라의 설한풍(雪寒風) 속에서도

쉼 없이 부드러운 봄을 향해
생(生)의 노래를 찾아
모두를 데리고
하늘하늘
잡힐 듯 잡히지 않는 아지랑이
봄을 향해 갔었지

생의 찬가가 끝나기 전
후덥지근한 거친 숨을 쉬면서
흐르는 땀을 닦을 사이도 없이
가을을 향해
눈부신 푸르른 에메랄드 빛이
펼쳐지고 있는 천상을 우러러

높이높이 오늘도 가고 있다

가을은 여기 있는 것을
모두가 땀을 닦는 사이
모두가 발걸음이 가벼워지는 사이
가을은 여기 와 있고
가을은 지나가고 있는 것을

다 함께 마음을 가다듬고
가을을 음미하며 가을을 찬미하자

긴긴 회색빛
푸르른 하늘을 우러러
두 눈을 크게 뜨고
단풍의 가을 산을 향해 안기자

가을 하늘이 손짓한다
활활 타오르는 여름이 가고
오늘
천상의 문이 열렸다

높이높이 날아보자
가을이 지나기 전에 다 같이 날아보자

가을 Ⅱ

캐나다 동쪽 뉴펀들랜드에서
미국 동북부의 메인 주를 지나
아파라치아 산맥을 타고
오대호를 살짝 지나

가을은 빠르게
미국의 동남부로
남으로
남으로
노랑 빨강의 단풍의 물결을 이루면서
푸르른 하늘에
두둥실 흘러가는 흰 구름과
조화를 이루면서 모두를 부르지요

단풍이
한 잎 두 잎 낙엽이 되어
대지에 휘날리기 전에 오라고

맑게 갠 가을 하늘에는
기러기들이 리더의 뒤를 따라
대오를 맞추어
남으로
남으로

정든 북극을 뒤로
신세대(新世代)를 데리고
가을 하늘을 지나고 있지요

살이 오른 사슴 일가는
눈을 내리깔고
두둥실 비상을 하고
거기에는 겨울은 없을 거라고
높이높이 날아가고 있지요

겨울이 지날 때까지
꿈이 계속되기를 바라면서
가을은
저 높고 깊은
천상으로 이어지는 것을
천상의 문이 닫히기 전

모두 함께
손을 잡고 가을을 맞이하자
모두 함께 춤을 추자
흥겨운 왈츠에 맞추어

물(Water) Ⅱ

공룡(恐龍)[1]은
언제 어디에서 왔다가
화석만 남겨놓고 사라졌을까요

백악기(白堊紀) 이전 중생대
중생대 이전 고생대에는
지구에는 물도 없었고 생물도 없었다지요

물은 언제 어디에서 왔을까요

헤아릴 수 없는
외로운 우주여행과 정적(靜寂)이 지나
화산이 폭발하면서
수증기가 생기면서
구름이 물로
물이 비로
비가 흐르면서 강과 바다로
육지와 바다로 경계를 이루었고

화산이 용암을 만들어 대륙판을 만들고
지진이 시작 대륙판들을 움직여
산과 평야를 만들어
높고 낮음의 경계 속에

식물과 물 속의 고기들이 헤엄치기 시작

또박또박
저 멀리에서 오고 있는
동물들을 위해
인류를 위해
지구는 이 무거운 물을 가지고
여행을 계속하는 이유는 무엇일까요

출렁출렁
앞의 물을
뒤의 물이 잡고

서로 잡고 끌고 출렁거리면서
높은 데서 낮은 곳으로 흐르면서
화산의 눈치만 보고 있겠지요

화산은 지하의 마그마의 눈치를 보고 있고
땅속 깊이에서
창조주의 지시를 기다리고 있겠지요

내일의
파라다이스를 위해서 말이죠

| 참조 |

(1)공룡(恐龍) : 라틴어-Deinosauria, 영어-Dinosaur.

천재 시인의 귀환, 광기(狂氣)의 타이탄 메시지(TITAN-MESSAGE)

— 한승덕 7번째 작품집 『나그네』의 시세계

金天雨
(사)세계문인협회 이사장 · (주)천우미디어그룹 대표이사

1. 내면의 바다에서 건져 올린 광기의 시적 언어

21세기는 바야흐로 정신과 물질의 혼재 현상이 가속화되고 있다. 정신 영역의 고귀함이 물질만능주의에 훼손당하는 경우가 지구 곳곳에 보편화되고 있는 추세이다. 그럼에도 인류학자나 인성 교육학자, 종교인, 예술가 등은 끊임없이 인간의 존재 의의를 강조하고 있다. 이는 물질에 치우치지 않는 인간의 존엄성을 인식하고, 정신적 세계의 자기 인식의 중요함을 역설하고 있는 것이다.

지구상에 펀(Fun)의 개념을 도입한 놀이문화가 문명화된 현대과학과 접목되어 비약적인 발전을 거듭하였다. 이로

인해, 파생된 인간의 즐거움은 오락이 얼마나 중요한지를 실감 나게 하였다. 매스미디어를 통해 오락 프로그램이 날개 돋친 듯, 독자와 시청자들에게 매력적인 테마로 자리매김한 지 오래다. 인간의 삶에 있어서, 오락의 치우침은 곧 바로 원초적인 오랄 문화(Oral-Culture)를 탄생시켰다. 구전 문화를 상업화 · 상품화하여 새롭게 재생시킨 것이다. 달콤한 감각적 문화는 육감적 산업 즉, 영화, 미디어, 관광업 등을 발전시키는 데 크게 공헌하였다. 물론 스토리텔링이라는 새로운 분야를 개척하기도 했다. 한마디로 오랄의 극치를 보여주었다. 오랄 문화에 길들여진 많은 사람들이 급속도로 광기의 이미지를 전파하는 지랄 · 발광(發狂) 문화에 적잖은 에너지를 소비하기에 이른다. 지랄 · 발광(發狂) 문화란 일명 '미쳐가는 문화(Crazy-Culture)' 이다.

무속(巫俗) 문화 역시 '미쳐가는 문화(Crazy-Culture)'와 다를 바 없다. 무병(巫病)은 환상과 질병 등 정신적 · 육체적 증세를 통한 종교적 체험을 말한다. 무병(巫病)에 걸린 사람은 이것을 신의 부름이라 생각하고 무당이 되기 위해 내림굿을 받는다. 주술(呪術) 문화권에서 행해지는 굿에서는 무당은 신을 불러들일 뿐만 아니라 신의 역할까지도 대행한다. 무당이 신의 역할을 하는 경우 무당의 입에서 나오는 말은 바로 신이 하는 말로 간주된다. 그것을 '공수' 라고 부른다. 무당은 신을 부르거나 신의 말을 할 때에 반드시 강신목(降神木)이나 방울을 사용한다. 강신목이나 방울이야말로 신 내림의 상징이라 할 수 있다.

일정한 직업을 가진 샐러리맨이나 전문 지식인들 등 대다수의 사람들이 미친 듯이 자신에게 부여된 임무나 일에 시간을 투자하거나 전념하는 직업적인 에너지를 포함해서 영혼을 움직여 예술적인 완성을 위해 심혈을 기울이는 예술인들의 에너지 등이 접합된 복합적 에너지의 통칭을 말한다.

요즘 〈미쳐가〉라는 노래로 한창 뜨고 있는 가수 간미연 씨의 가사를 인용해 본다.

자꾸 두근두근대는 가슴이 점점 뛰어 뛰어대는 심장이 전화(를) 걸어보라고 문자를 하라고 너 의심하는 나를 부추겨 너무 불안 불안해서 못 살아 너무 알고 알고 싶어 미쳐가 지금 어디 있는지 뭘 하고 있는지 네 생각에 아무것도 못해 …(중략)… 미쳐버려서 내가 미쳐가 내가 또 전화를 걸고 있어 미워죽겠어 내가 이 열 손가락 다 묶어버리고 싶어 이런 내가 너무 너무나 싫은데 이럼 너를 잃어버릴 걸 아는데 미쳐버려서 내가 미쳤어 내가 또 전화를 걸고 있어

이 노래는 우리 인간의 내면 의식 속에 잠재되고 고립된 현대인들의 자아를 꼬집어 내어서 휴머니티를 되찾으려는 독백이라 할 수 있다. 그렇다고 가요 평을 쓰자고 간미연의 가사를 인용한 것은 절대 아니다. 그만큼 인간 그 자체로서의 회귀본능이 얼마나 지상의 많은 풀잎들이 갈망하고 갈구하는가를 확인해주고 싶어서이다. 우리나라 1990년대 가요계에 혜성처럼 나타난 아이돌 그룹의 원조 격인 '서태지와 아이들' 의 〈난 알아요〉 이후, 2000년대 말에는 'CN 블루' 의 〈외톨이야〉가 '서태지와 아이들' 의 공백을 훌륭하게 뒷받침해 주었고, 최근에는 '베이비복스' 일원으로 활약했던 간미연이 솔로로 독립해서 〈미쳐가〉라는 노래로, 우리 시대 잠재된 내면 의식 속 독백의 자아상을 형상화시키

기 위해 탁월한 보이스 컬러로 메시지를 보내주고 있는 것이다.

작가는 대중들을 위해 공복(公僕)의 역할을 수행할 정치인들을 향해 「러시모어 마운틴의 큰 바위 얼굴」에서와 같이 쓴 소리를 마다하지 않는다.

내일을 살아갈 모두에게/ 올바른 정치인이 무엇인지/ 공인의 정도를 알려 주기 위해// 깊고 푸른 심연의/ 우주의 메시지를 전하기 위해/ 오늘도/ 묵묵히 내려다 보고 있지요// 지구가/ 우주여행이 끝날 때까지/ 우리를 지켜볼 것입니다// 존경심을/ 가지든/ 안 가지든 말입니다

—「러시모어 마운틴의 큰 바위 얼굴」 중에서

21세기 화두는 소통(疏通)이다. 소통이란 상생과 화합, 조화의 덕목을 실천할 수 있는 최고의 모습이다. 작가는 소통의 중요성을 역설하고 있다. 대중들에게 좀 더 다가갈 수 있는 역지사지(易地思之)의 자세 또한 주문하고 있는 것이다. 왜냐하면, 상대방의 입장에서 생각할 수 있는 넓은 아량과 섬김의 리더십을 강조하면서, 국가의 주인공은 정치인이 아닌 대중, 바로 국민임을 성찰(省察)하고 있는 것이다.

법(法)의 최종 지향점은 자유이다. 자유를 수호하기도 하지만, 자유라는 최종 지향점을 유지하기 위해 약자들의 입장을 보호해주는 물리적 수단으로서 법을 사용한다는 점이 중요하다. 세계 평화와 자유 수호의 상징인 「뉴욕 자유의 여신상」에 작가의 발길은 어느새 도달해 있다.

억압을/ 가난을/ 종교의 어려움을/ 털어 버리고/ 자유 속에 네가 원하던/ 네가 추구하던/ 네가 꿈꾸던 것을 마음껏 성취해 보란다// 자유의 신천지에서/ 자유와/ 기회와/ 평등과/ 귀천이 없는 신천지에서// 가슴을 펴고/ 심호흡을 깊이깊이 들이마시고/ 깊고 높은 하늘을 우러러/ 내일을 바라보면서

—「뉴욕 자유의 여신상」 중에서

자유란 억압당할수록 그 가치가 수직상승한다. 자유를 되찾기 위해 얼마나 많은 사람들의 희생이 따랐으며, 또한 엄청난 핍박과 탄압을 감수하더라도 독립운동을 전개한 나라가 지구상에 수도 없이 많다는 점이 바로 이를 뒷받침해 준다. 인도네시아로부터 독립을 쟁취한 동티모르 정부의 경우만 보더라도 아직도 전쟁의 상흔이 생생하게 남겨져 있다. 작가는 자유의 소중함을 세계 곳곳을 누비면서, 누구보다 뼈저리게 느끼며 살고 있다. 작가의 시선은 「천산 산에서」 멈춰 선다.

오늘은 이 산에서/ 내일은 저 산에서/ 여름에는 높은 산에서/ 겨울에는 평야에서// …(중략)… 저들의 유목 생활은/ 높은 산의 산 사자도/ 산양도/ 들판의 늑대도/ 말도 양도 닭도/ 모두가 가족이지요

—「천산 산에서」 중에서

동아시아 유목민들의 삶은 속도의 시간을 창조한다. 물론

1천여 년 전만하더라도 양질의 풀이 무성한 초원을 찾아 방랑의 삶 그 자체가 유목민들의 생활 터전으로 여겼다. 살기 위해 그들은 누구보다도 강력한 기마전술을 구사해야 했고, 정복의 야망을 꿈으로 실현시켜야 하는 운명을 받아들여야 했다. 양털과 양고기, 양의 젖까지도 모두 식량으로 활용해야 하는 유목민들에겐 양들을 지키는 일이 무엇보다 중요했을 것이다. 초원에 서식하는 풀 한 포기로부터 닭, 말 모두는 생존을 위한 거룩한 식구이며, 유목민들이 거주하는 지역의 늑대들조차 강인함을 상징하는 존재들로 묶을 만큼 강함과 포용력을 동시에 구비하는 초원의 지혜를 배운 것이다. 작가는 시간에 대해 골몰한다. 우주 창조의 시기부터 비롯된 시간에 대한 정의를 다시 설정하려 하고 있다.

천체에는 시간이란 게 없겠지요/ 정적과 침묵만이 지속되고/ 움직임이 없으니/ 속도가 없고/ 속도가 없으니/ 빛이 없고/ 빛이 없으니/ 생물이 진화를 할 수가 없겠지요// 어느 날/ 천체에서/ 은하수가 분리되고/ 은하수가 분리되니/ 움직임이 생기고// 태양계가 생기니/ 빛이 비추이고/ 빛은 바람과 속도가 필요하기에/ 자전과 공전이 시작/ 지구는 끝없는 여행을/ 좋든 싫든 하게 되었지요// 태양은 빛을 생산하기 위해/ 힘없는 별들을 필요로 하고/ 늙고 힘없는 별들은 우주를 위해/ 태양의 인장력에 이끌려 빛으로 변하고// 밤과 낮으로 나누임은/ 자전과 공전으로/ 빛의 파장을 속도로 환산하려니/ 시간이 필요하였겠지요// 지구는/ 오래 오래전부터/ 오늘도 내일도/ 우주여행을 계속하고 있지만// 시간과 무슨 관계가 있느냐고요/ 정적과 침묵에 따른 정지가/ 아니라는 거지요/ 숨을 쉬고 움직이고/ 살아 있다는 거지요// 시간은 움직이고/ 쉬지 않고 가고 있

지요/ 창조주는 알고 있지요/ 시간은 언제부터 언제인가를 말입니다

—「시간 Ⅱ」 전문

인간의 생각은 에너지를 창조한다. 또한 인간에게 있어 생각의 속도는 빛의 속도를 초월한다. 빛이 명왕성에 도달하기 전에, 이미 우리 뇌는 명왕성의 이미지가 들어와 각인되어 있다. 생각이 이미지로 변환되는 데 있어서 빛의 속도를 능가한다는 의미이다. 인간의 생각은 창조의 시간을 단축시킬 수 있는 어마어마한 마력을 갖고 있다. 시간의 의미가 단순한 것이 아니라, 그 시간을 사용하는 주체로서 인간이 준거점을 갖고 있다는 사실을 인식하는 시도가 더 현실적이란 점이다. 과연, 세계를 움직이는 힘이 존재할까? 분명 존재한다. 그중 하나가 중동 오일 제3세력화이다. 검은 돈으로 부와 명예를 사고, 그것으로 세계 석유시장, 경제시장을 좌지우지하는 문명의 이기현상을 초래했다. 「카스피안해(海)에서」가 이를 확인시켜 주고 있다.

야생 낙타들이/ 하이웨이 한가운데서 비켜줄 줄 모른다/ 자기들의 영역을 침범한 게/ 못마땅한 듯 되새김질만 하고 있다// 해수면에서 500m 아래란다// 전속력으로/ 계속 달리지만/ 목적지는 좁혀지지 않고 있다// 오일 머니의 위력인지/ 20년 전보다는 길이 좋아졌다// 카스피안 건너는/ 이란으로/ 이란을 거쳐 이라크로/ 메소포타미아에 연결된다// 알렉산더 대왕도/ 칭기즈칸과/ 오스만투르크의 술레이만도/ 이 길이 아닌지 모르겠다// 원유의 송유관과/ 유전의 시추탑만이 이어지고 있다 …(중략)… 카스피안의 검은 상어알

을 곁들인/ 포도주와 함께 한잔하고/ 샤워를 한 후/ 피곤한 몸을 꿈속에 맡기고 싶다

—「카스피안 해(海)에서」 중에서

카스피안은 작가에겐 역사의 현장이다. 세계 비즈니스맨들의 각축장이 되어, 오일 머니를 잡으려는 헤게모니 현상이 벌어졌다. 작가는 알렉산더 대왕, 칭기즈 칸, 오스만투르크의 술레이만을 클로즈업시키면서 시대적 자괴감을 자기 자신의 내면에 불어넣고 있다. 낙엽처럼 정처 없이 떠돌아다니는 나그네 같은 존재인 작가의 삶에 「가을」이 성큼 찾아왔다.

지구는 오늘도 쉼 없이 가고 있다/ 동쪽에서/ 서쪽으로/ 모두를 데리고 가고 있다// 겨울의 한복판 일월의/ 희끄무레한 회색 하늘을/ 찬바람에 휩싸인 먹구름의 터널을 지나/ 눈보라의 설한풍(雪寒風) 속에서도// 쉼 없이 부드러운 봄을 향해/ 생(生)의 노래를 찾아/ 모두를 데리고/ 하늘하늘/ 잡힐 듯 잡히지 않는 아지랑이/ 봄을 향해 갔었지// 생의 찬가가 끝나기 전/ 후덥지근한 거친 숨을 쉬면서/ 흐르는 땀을 닦을 사이도 없이/ 가을을 향해/ 눈부신 푸르른 에메랄드 빛이/ 펼쳐지고 있는 천상을 우러러/ 높이높이 오늘도 가고 있다// 가을은 여기 있는 것을/ 모두가 땀을 닦는 사이/ 모두가 발걸음이 가벼워지는 사이/ 가을은 여기 와 있고/ 가을은 지나가고 있는 것을// 다 함께 마음을 가다듬고/ 가을을 음미하며 가을을 찬미하자// 긴긴 회색빛/ 푸르른 하늘을 우러러/ 두 눈을 크게 뜨고/ 단풍의 가을 산을 향해 안기자// 가을 하늘이 손짓한다/ 활활 타오르는

여름이 가고/ 오늘/ 천상의 문이 열렸다// 높이높이 날아보자/ 가을이 지나기 전에 다 같이 날아보자

—「가을」 전문

사색(思索)과 사유(思惟)를 유발시키는 등화가친(燈火可親)의 계절, 가을은 누구나 가슴 설레게 한다. 그런 와중에도 시인에게는 더더욱 시련의 아픔을 견디게 할 고독의 시간이 자연스럽게 생성된다. 낙엽 떨어지는 소리에도 가슴 아파하는 시인의 캐릭터가 완성되는 시기인 셈이다.

작가는 '미국의 세계를 움직이는 50인'에 선정된 바 있고, 미국 경제인 인명록과 세계 파이낸스 인명사전에 등록되었으며, 인도네시아 의회 자문위원과 고문역을 역임한 세계적인 경제 전문가로 알려져 있다.

그러한 그가 육체적으로나 정신적으로 겪어야 했던 고독감을 비롯하여 성취감 후에 밀려드는 무력감을 극복할 히든카드로 예술가의 삶을 선택한 것이다. 그의 내면에 자리잡은 광기의 이미지를 시적 언어로 표출시킴으로써 '깊이 있는 학문은 다른 영역으로 통할 수 있는 근거가 될 수 있다.'라는 명언을 직접 실현시킨 것이다.

2. 영혼의 파동, 감동의 카타르시스! 휴머니티를 복구시키다

비트겐슈타인은 삶에서 오감(五感)은 광기로 둘러싸여 있다고 비유했다. 오감은 감성의 발현체이다. 오감은 삶의 목

적보다 그 수단에 더 무게중심을 두고 있다. 그러나 시적 언어는 수단보다는 삶의 목적을 그 중심에 둔다. 목적의 추구는 인간의 존재의의를 함양하는 영역에 가깝다. 동물이 인간과 다른 것은 목적이 아닌 즉흥적 감각에 의존하며, 이성을 갖춘 인간은 감각을 노동요에 적용하며 감각과 이성, 그리고 유희와 쾌락에 항거한다.

삶은 자각적 예술행위와 직결된다. 인간의 내면과 무의식 속에서 조형되는 행위, 곧 예술적 자각을 가장 본질적인 것으로 여긴다. 니체는 고대 음악의 신 디오니소스를 높이 평가했다. 술이나 봄기운, 종교적 광기에 의한 도취는 현실의 돌파구 역할을 충실하게 하고 있다는 생각이 강했다. 반면에 아폴로적인 것은 현실과 가상의 돌파구 세계를 혼돈하지 않고 냉정하고 이성적으로 행동하게 된다. 보들레르는 주체적 자각을 통해서만 예술적 상상력과 창조의 미학이 가능하다고 주장했다. 자기 자신을 바로 안다는 것만큼 어려운 것도 없을 것이다. 나와의 소통이 곧 세계로 향한 또 다른 출구가 된다는 것이다.

모든 감각을 규칙으로부터 자유롭게 풀어놓아야만 진정한 예술적 경지에 다다른다고 믿은 랭보의 사유는 또 다른 세계를 향한 인간의 몸부림을 그려 낸다. 이러한 사유 속에는 지배구조의 몰락을 예견한 자유의지가 숨겨져 있다. 보통의 생각을 거세한 채, 특별한 삶의 목적을 위해 생각 자체의 틀을 바꾸어 버린 랭보의 행동은 혁명가적인 인식 구조와 그 맥을 같이 한다고 볼 수 있다.

자기 자신에게 잔혹할수록 광기의 이미지는 더 치열하게 각인된다. 극한의 광기는 걷잡을 수 없는 폭풍전야의 정적을 전달해준다. 기다림과 그리움은 영혼의 성전(聖典)이다. 이 성전의 특징은 쓰고 고통스러울 때까지 광기의 기복을 멈추질 않는다는 것이다. 모든 인생에서 있어 이 성전의 구조물을 사용할 때는 죽음의 대가(代價) 역시 치러야 한다는 것이 다른 유사 성전과 차이점이 있다. 죽음은 소멸이고, 영원으로 가는 최초 단계이다. 그러나 '어떤 죽음이냐?' 에 따라 그 죽음의 미학은 달라진다. 육체를 이탈하여 정신적 탈바꿈을 추구하는 죽음이라면 이 얼마나 황홀한 죽음인가? 육체는 영혼의 안식처이며, 집에 불과하다. 맑은 영혼이 안착하면, 그 육체도 맑아지게 되며, 강한 영혼이 안착하면, 그 육체도 강렬한 육체가 된다. 영혼의 명령에 따라, 육체는 변화하며 행동한다는 것이다. 시인에게 있어 「기다림」은 그 어떤 영혼의 명령보다 강렬하다.

기다림이란/ 길이를 말한 것일까요/ 부피를 말한 것일까요/ 높이를 말한 것일까요// …(중략)… 기다림이란 처음과 마지막의 어디쯤일까요// 당신은 많이 기다렸지요/ 정치인들의 약속과 이행을/ 정치의 이상은 이상향을 의미하며/ 그때까지 기다려야 하나요// 기다림의 진정한 행복은/ 이런 게 아닐까요/ 갓 난 어린아이의 초롱초롱한/ 눈빛 속에/ 엄마 젖을 빨 때의// 그/ 황홀한 듯한 천진난만한 듯한/ 미소 속에 기다림의 미학을

—「기다림」 중에서

기다림은 그리움으로 통하는 또 다른 분출구이다. 기다림의 대상은 명확하다. 막연한 확률을 기대하는 심리가 아니

다. 작가는 정치인의 약속과 그 이행을 꼬집고 있다. 갓 난 어린아이가 엄마 젖을 빨 때의 순간을 기다리는 것처럼 순수의 원천이 작용해야 진정한 기다림임을 부언하고 있는 것이다. 작가는 기다림에 대한 단상을 극명하게 표현하고 있다. 그런 그에게 가장 슬픈 현실이 바로 「이별(離別)」이다.

어제/ 워싱턴 포스트지에 실린/ 친구의 부고는/ 이별의 외로움을 알려준다// 일 년 전에도/ 로스앤젤레스에 살던 어렸을 때의 친구가/ 나와의 통화 중/ 전화를 떨어뜨리고/ 생을 끝냈음을 알았을 때// 밀물처럼 밀려오는 허전한 외로움이란/ 애써 잊으려 해도/ 떠오르는/ 피할 수 없는 인연임을// 이별이란/ 피할 수 없는 인연임을/ 아니면/ 느낄 수도 없고 볼 수도 없는// 또 다른/ 우주여행을 떠난 것은 아닐까요

—「이별(離別)」 중에서

이별은 외로움을 동반하며, 결합된 현실을 부재(不在)시킨다. 고통을 가져다준다. 작가는 이별도 피할 수 없는 인연임을 역설하면서, 이별 그 자체를 우주로의 여행이라 부각한다. 애써 절망감을 상쇄(相殺)하려 시도하고 있다. 급기야 작가는 인간의 욕망을 제어하기에 이른다. 무의적으로 육체에 탑재된 욕망의 불구덩이를 과감히 소각시키며, 지구에 마지막 남은 천재 작가, 영혼의 메신저 한승덕은 스스로를 욕망을 소각시키는 매개체가 되기를 희망한다. 순례자가 되길 자처한다. 세계 곳곳을 누비며 바라본 각국의 화

석 박물관은 그에게 새로운 관점을 제공하였다. 누워 있는 화석들을 죽은 현실로 바라보는 시각을 경계해야 한다는 경고 메시지와 함께 그들 화석이 살아 열광하고 포효했던 수천 년 전 또는 수만 년 전이 고스란히 저장되어 있다는 사실에 경악했다. 파노라마처럼 재생된 「화석(Petrified Wood)」의 역사를 한 눈에 바라볼 수 있는 화석 모드에 심취하고 있었다.

인류 발생지의 한 곳인/ 인도네시아 자바 섬의/ 마지막 왕국의 왕손이/ 무엇을 들고 오고 있다// 언제 보아도 구김 없는 얼굴에/ 한 얼굴 가득히 웃음을 띠고/ 부인과 같이 오고 있다// …(중략)… 지난 2억 년/ 지구의 길고도 짧은/ 역사를 듣게 되기를/ 오늘도 기다리고 있지요// 너는 알고 있을 것을/ 단절된 창조주와의 교신을/ 당시에 무슨 일이 일어났었는가를 말이다

—「화석(Petrified Wood)」 중에서

화석을 통해 얻어진 상상력은 오래된 미래를 탄생시켰다. 과거는 현실이고, 현실의 미래를 예견하는 초상화이다. 화석에 담겨진 영상은 절대 멈춘 시간의 영상이 아니다. 미래로 가는 동영상이라고 단언할 수 있다. 인류를 발전시킬 실험 도구로 활용되기도 하였고, 인류를 멸망시킬 이산화탄소의 근원이 될 것이다. 고로 화석은 카오스(Chaos)와 로고스(Logos)의 양면을 갖춘 판도라의 동영상이다. 작가는 가슴 속에는 「뿌리」가 얼마나 존귀하고 중요한 대상인지 새로이 인식해내고 있다. 머리로 생각하는 것이 아닌, 뿌리로의

내재된 인식을 더 의미가 있다고 역설하고 있다.

뿌리(Root)는 대지에서/ 지구 균형을 잡으면서/ 몸통을 통해 가지를 키우고/ 가지는 잎을 키우고/ 잎은 우주와 교신하지요// 어둡고 습기 차고/ 정적과 지하 신의 지시를 받으면서/ 지하의 기를 위로 보내면서/ 찬란한 태양을 향해/오늘을 힘차게 살고 있지요// 꽃을 피우고/ 열매를 맺어 대지에 뿌리고/ 대지에 싹이 트면/ 숲을 이루어 자연을 가꾸지요// 불어오는 바람에/ 소식을 전해 받고/ 스쳐가는 바람에/ 소식을 전하고// 밤하늘에 달이 뜨면/ 잎에 잎이 마주잡고/ 먼동이 틀 때까지 춤을 추고// …(중략)… 나무는, 뿌리(Root)는/ 지금도 끝없이 교신하면서/ 지구의 여행과/ 행선지를 의논하고 있겠지요

—「뿌리(Root)」 중에서

지구상의 언어는 다양하다.

서로 다른 사람과 사람의 대화는 언어를 통해서만 가능하다. 그러나 사람과 사람이 서로 신뢰를 구축한 가운데서는 굳이 언어가 필요하지 않다. 이심전심(以心傳心) 또는 불립문자(不立文字)와 같이, 무언(無言)의 대화가 진행될 수 있는 상황이 있을 수 있다. 즉, 마음의 문(門)을 활짝 열고 눈빛만 봐도 무슨 뜻인지 알아차릴 수 있는 밀접한 관계가 분명 있기 때문이다. 작가는 자연과 또 다른 자연과의 대화를 교신이라 표현한다. 그 교신을 가능케 하는 본질로 「뿌리」라는 근원적인 대상을 지목했다. 우리가 뿌리내리고 있는 곳은 다름 아닌 「지구(地球)」라는 아름다운 별이었다. 그런 지구를

향해 터벅터벅 걸어가는 시인의 심장은 불타는 태양이었다.

오늘도 지구는/ 우주여행을 계속하고 있지요/ 언제부터인가는 아무도 모르지요// 동쪽에서 서쪽으로/ 어제에 이어/ 오늘도/ 내일은 알 수가 없지요// 내일은 오지 않았으니까요// 무엇 때문에/ 지구는/ 우주여행을 계속하고 있을까요// 마왕(魔王)의/ 마술(魔術)에 걸려서일까요/ 마왕(魔王)은 어디에 있을까요// 지구는/ 전생에 무슨 죄업이 있어서/ 원을 돌고 또 돌고/ 언제쯤 굴레가 풀리고 자유로워질까요// 굴레가 풀린 다음엔/ 어디로 가야 될까요// 흔적도 없는 원을 돌고/ 또 돌고/ 어제도 돌고/ 오늘도 돌고/ 내일은 모르지요// 마왕(魔王)은 천체에서/ 돌고 있는 지구를 보고 있을까요// 세고 있을까요/ 몇 바퀴가 남았는지를// 오늘을 살고/ 내일을 기다리면서/ 어제를 잊어버리고// 밤이면 별이 지켜보고/ 낮에는 태양이 지켜보고// 화산으로 지진으로/ 허리케인으로/ 토네이도로/ 홍수로 가뭄으로 장마로/ 경고를 주고// 지구는 천체의 마왕(魔王)을 기다리지요/ 어제는 지나갔고/ 내일은 아직 안 왔고// 떠나온 천체의 고향을 그리며/ 침묵으로 원을 돌고 있지요/ 마술(魔術)이 풀릴 때를 기다리면서

—「지구(地球)」 전문

지구는 살아 움직이는 유기체의 상징이다. 자연의 정화와 순화라는 이름을 통해 화산과 지진, 태풍, 홍수, 가뭄, 장마 등을 반복한다. 더욱이 기후변화라는 명명 아래, 온난화 현상을 가속화시키는 인류를 향해 기상이변의 악순환을 강도 높게 되풀이하고 있다.

북극의 빙하가 녹아 해수면이 높아지고 있음은 언론매체를 통해 공공연하게 보도된 바 있으며, 오존층이 일부 파괴되어 인간의 피부암 발생률과 정신 분열 현상이 가속화되고 있음은 의학계의 비밀도 아니다.

작가는 '지구를 구하라!'는 특급 그린 프로젝트를 상정하기에 이른다. 그 프로젝트는 심해 유전사고를 경고하고 있다. 「해저유전 Ⅰ」에서 이를 확인할 수 있다.

심해(深海)유전의 사고로/ 원유가 바다에 떠다닌 지도 두 달 째다/ 인간의 두뇌와 경험이/ 자연을 앞서지 못하고 있다// 고래가/ 거북이가/ 새우가/ 굴이/ 고기들이// 바닷새들이/ 망고나무와 숲이/ 원유의 독성에 죽어 가고 있다// 해변의/ 식물들도 죽어가고 있다/ 삶의 연결 끈이 끊기는 것 같다

—「해저유전 Ⅰ」 중에서

해저유전은 인류에게 희망의 에너지를 선물했다. 지구상의 동력을 제대로 가동하기 위해서는 원료가 되고 있는 유전의 필요성이 대두된 시기와 맞물렸기 때문이었다. 그러나 그러한 희망과 비전의 에너지원이 되었던 해저유전도 각종 사고로 인해 유출될 경우엔 큰 재앙을 불러일으킬 수 있다. 작가는 인류에게 화석연료의 사용은 지구온난화의 주된 원인이 될 수 있고, 결국 지구 멸망의 지름길임을 경고하고 있는 것이다. 그 때문에 작가는 신재생에너지에 관심을 둔다. 특히, 「물(Water)」에 대한 애착은 그 어떤 시인보다도 강하다.

공룡(恐龍)은/ 언제 어디에서 왔다가/ 화석만 남겨놓고 사라졌을까요// 백악기(白堊紀) 이전 중생대/ 중생대 이전 고생대에는/ 지구에는 물도 없었고 생물도 없었다지요// 물은 언제 어디에서 왔을까요// 헤아릴 수 없는/ 외로운 우주여행과 정적(靜寂)이 지나/ 화산이 폭발하면서/ 수증기가 생기면서/ 구름이 물로/ 물이 비로/ 비가 흐르면서 강과 바다로/ 육지와 바다로 경계를 이루었고// 화산이 용암을 만들어 대륙판을 만들고/ 지진이 시작 대륙판들을 움직여/ 산과 평야를 만들어/ 높고 낮음의 경계 속에/ 식물과 물 속의 고기들이 헤엄치기 시작

— 「물(Water)」 중에서

예로부터 치수(治水)는 국가를 부흥시키는 으뜸 항목이었다. 물의 생성, 순환되기까지의 과정도 중요하지만, 그런 물 자체를 지혜롭게 활용하여, 미래의 역동적 에너지원임을 작가는 설파하고 있는 것이다. 물이 없으면 인간은 존재할 수 없다. 그래서 아름다운 지구에 생활하는 인간이야말로 행복한 존재 중 하나이다. 적어도 물은 아름다운 자연의 결정체임을 깨달아야 함을 힘주어 메시지로 전달하고 있는 것이다. '작은 물방울이 바위에 구멍을 뚫고(水滴穿石), 계곡물을 만들어낸다(水溪造界)' 는 말처럼 아주 작은 감동이 결국 큰 변화를 창조할 수 있다. 물은 감동의 결정체이다.

광기의 천재 시인 한승덕은 감동의 소산이다.

언제나 세계 앞에서 감동의 카타르시스(Catharsis)를 불러들이는 그의 강력한 카리스마(Charisma)는 시대를 관통

하는 예언적 기능이나 세기의 기적을 나타낼 수 있는 초능력이나 절대적인 권위를 동반한다. 카리스마는 신의 은총을 뜻하는 그리스어 'Khárisma'에서 유래되었는데, 그의 문학적 카리스마는 대중들의 가슴을 움직이고 자극하는 매력적인 메시지로 작용하고 있다. 한승덕 휴머니티는 인류애를 통해 평화의 하모니를 자아내고 있는 것이다.

천재 시인의 귀환을 환영하며 한승덕 시인의 광기(狂氣) 가득한 타이탄 메시지(Titan-Message)는 지구를 삼키고, 우주를 잠식시킬 만큼 거대한 흡인력(吸引力)을 갖고 있다.

문학세계대표작가선 611

나그네 Wanderer

한승덕 6시집

인쇄 1판 1쇄 2010년 11월 2일
발행 1판 1쇄 2010년 11월 11일

지 은 이 : 한승덕
펴 낸 이 : 金天雨
펴 낸 곳 : (주)천우미디어그룹/도서출판 天雨
등 록 : 1992. 2. 15. 제1-1307호
주 소 : 서울시 성동구 하왕십리동 966-23 금룡빌딩 2F
전 화 : 02)2298-7661
팩 스 : 02)2298-7665
http://www.moonhaknet.com
E-mail : ing@moonhaknet.com

값 10,000원

ISBN 978-89-7954-459-6